U0634933

马克思主义简明读本

朱德的品德

丛书主编：韩喜平

本书著者：白启鹏

编　委　会：韩喜平　邵彦敏　吴宏政

王为全　罗克全　张中国

王　颖　石　英　里光年

吉林出版集团股份有限公司

图书在版编目（ＣＩＰ）数据

朱德的品德 / 白启鹏著. -- 长春：吉林出版集团股份有限公司，
2014.4（2021.2重印）
（马克思主义简明读本）

ISBN 978-7-5534-4239-6

Ⅰ．①朱… Ⅱ．①白… Ⅲ．①朱德（1886～1976）—生平事迹 Ⅳ．
①K827=7

中国版本图书馆CIP数据核字（2014）第060110号

朱德的品德
ZHUDE DE PINDE

丛书主编：韩喜平
本书著者：白启鹏
项目策划：周海英　耿　宏
项目负责：周海英　耿　宏　宫志伟
责任编辑：陈　曲
出　　版：吉林出版集团股份有限公司
发　　行：吉林出版集团社科图书有限公司
电　　话：0431-81629720
印　　刷：永清县晔盛亚胶印有限公司
开　　本：710mm×960mm　1/16
字　　数：100千字
印　　张：12
版　　次：2014年4月第1版
印　　次：2021年2月第4次印刷
书　　号：ISBN 978-7-5534-4239-6
定　　价：36.00元

如发现印装质量问题，影响阅读，请与出版方联系调换。

序 言

习近平总书记指出，青年最富有朝气、最富有梦想，青年兴则国家兴，青年强则国家强。青年是民族的未来，"中国梦"是我们的，更是青年一代的，实现中华民族伟大复兴的"中国梦"需要依靠广大青年的不断努力。

要提高青年人的理论素养。理论是科学化、系统化、观念化的复杂知识体系，也是认识问题、分析问题、解决问题的思想方法和工作方法。青年正处于世界观、方法论形成的关键时期，特别是在知识爆炸、文化快餐消费盛行的今天，如果能够静下心来学习一点理论知识，对于提高他们分析问题、辨别是非的能力有着很大的帮助。

要提高青年人的政治理论素养。青年是祖国的未来，是社会主义的建设者和接班人。党的十八大报告指出，回首近代以来中国波澜壮阔的历史，展望中华民族充满希望的未来，我们得出一个坚定的结论——实现中华民族伟大复兴，必须坚定不移地走中国特色社会主义道路。要建立青年人对中国特色社会主义的道路自信、理论自信、制度自信，就必须要对他们进行马克思主义理论教育，特别是中国特色社会主义理论体系教育。

要提高青年人的创新能力。创新是推动民族进步和社会发展的不竭动力，培养青年人的创新能力是全社会的重要职责。但创新从来都是继承与发展的统一，它需要知识的积淀，需要理论素养的提升。马克思主义理论是人类社会最为重大的理论创新，系统地学习马克思主义理论有助于青年人创新能力的提升。

要培养青年人的远大志向。"一个民族只有拥有那些关注天空的人，这个民族才有希望。如果一个民族只是关心眼下脚下的事情，这个民族是没有未来的。"马克思主义是关注人类自由与解放的理论，是胸怀世界、关注人类的理论，青年人志存高远，奋发有为，应该学会用马克思主义理论武装自己，胸怀世界，关注人类。

正是基于以上几点考虑，我们编写了这套《马克思主义简明读本》系列丛书，以便更全面地展示马克思主义理论基础知识。希望青年朋友们通过学习，能够切实收到成效。

韩喜平

2013年8月

目　录

引　言

朱德是伟大的马克思主义者，无产阶级革命家、政治家和军事家，中国共产党和中华人民共和国主要领导人之一，中国人民解放军创建人之一。朱德出生于一个极普通的佃农家庭，在母亲的教育和影响下长大，曾经尝试考取功名拯救国家与人民。但是，实践证明，这个想法在当时黑暗的社会下是不可行的。因此，朱德投笔从戎。1909年，朱德考入云南陆军讲武堂，同年加入孙中山领导的革命团体——中国同盟会。在讲武堂，朱德军事才能得到培养和发挥，并在军界初有作为。

十月革命的影响，使朱德认识并接受了马克思主义。为了寻求革命真理，朱德先后赴德国和苏联学习。由于中国革命发展的需要，朱德于1926年回国，先后领导和参加了南昌起义，创建了井冈山革命根据地，并同毛泽东、周恩来一起指挥红军战胜了国民党军队的四次大规模军事"围剿"。在第五次反"围剿"失败后，红军被迫长征。1935年1月，在遵义会议上，朱德支持毛泽东的正确主张，为挽救中国革命作出了重要贡献。在朱德与毛泽东等人共同努力下，红军取得了长征的胜利。

1937年，抗日战争爆发后，朱德任国民革命军第八路军总指挥。他率领八路军开赴华北前线，协同国民党军队对日作战，取得平型关等战斗的胜利。1940年朱德返回延安，提出"南泥湾政策"，开展大生产运动，打破了国民党反动派对陕甘宁边区的经济封锁。1945年，朱德在中国共产党第七次全国代表大会上作了《论解放区战场》的军事报告。

在解放战争中，朱德任中国人民解放军总司令。1947年，他同刘少奇等组成中共中央工作委员会，到华北进行中央委托的工作。他亲临华北前线指导作战，取得了石家庄战役的胜利，开创了攻克坚固设防城市的先例。在战略决战阶段，他协助毛泽东组织和指挥了辽沈、淮海、平津三大战役。1949年4月，朱德和毛泽东一起发布了中国人民解放军渡江作战的命令，最后推翻了国民党在中国大陆的反动统治。

朱德在长期的军事生涯，特别是革命战争的实践中，积累了丰富的军事经验，并逐步形成一整套适合人民军队建设和作战需要的重大军事理论，对毛泽东军事思想的形成和发展作出了杰出的贡献。

新中国成立后，朱德历任中央人民政府副主席、中国人民解放军总司令、中华人民共和国副主席、全国人大常务委员会委员长等职务。在担任这些职务期间，朱德为我国军事和经济的建设和发展，为加强执政党建设，为探索社会主义建设的规律倾注了大量心血，做出了巨大的贡献。

朱德的一生，不仅体现出他本身所具有的领导才能和军事才能，同时也体现出朱德为了党、为了国家、为了人民不惜奉献自己一生的高贵品质。这些品质对新时期加强社会主义现代化建设来说，无疑是一笔宝贵的精神财富。

第一章　立志救国

朱德出生于一个贫困的农民家庭，吃不饱、穿不暖的生活使他更加同情底层的贫苦大众。为了能够改变旧社会的黑暗现状，使普普通通的人能够吃饱穿暖，朱德先后进几家私塾，接受新式学堂的教育。这些经历不仅开阔了朱德的视野，而且也使朱德萌发出爱国主义思想，开始有意识地关心国家的前途和民族的命运，开始思考救国救民的道路。

第一节　穷苦出身

一、朱德诞生

在中华民族大好河山的西南腹地，有一座大巴山，这座山脉的西北从嘉陵江的源头起，沿着四川、甘肃、陕西、湖北四省的边界绵延千里。这座大巴山的北面与秦岭遥遥相望，南面是素有"天府之国"之称的四川盆地。大巴山犹如一道天然屏障,隔绝了巴蜀之地与外面世界的联系与交往,这样的环境成就了唐代著名大诗人李白"蜀道之难,难于上青天"的千古名句。巴蜀之地是一块人杰地灵的宝地,这里属于温带气候,地势平坦,有着较为丰富的物产。一方水土养一方人,正是这块美丽而富饶的土地养育出一个又一个英雄人物,培养出一个又一个圣人贤士。

深藏于大巴山南麓山峦之中,有一个不为外人熟知的小县,那便是仪陇县。根据史书上的文字记载和当地老人的说法,仪陇县历史悠久,可以追溯到魏晋南北朝时期。当时,仪陇县叫作"方州",后来因为县城选址在山顶部的平地上,因此得名"仪陇"。

仪陇县有个地方叫琳琅山,这个地方草树茂密,山峰迭起,松柏参天。在琳琅山脚下有一个很不起眼的小村庄,叫李家湾,在这里生活着一群朴朴实实的农民,他们踏踏实实地过着与世无争的生活。

1886年12月1日,一个幼小的生命在四川省仪陇县李家湾一户贫苦农民的家中呱呱坠地,让孩子的父母没有想到的是,"这个孩子就是后来举世闻名的中华人民共和国元帅——朱德"。[①]

二、伟大母亲

朱德家的生活是比较贫困的。在朱德出生时，他的父母是常年给地主家耕种的佃农，家里主要依靠给地主家交完租后剩余的粮食过活，但是每年的粮食总是不够吃。与朱德家交往的人，都是老实本分、勤劳肯干的贫苦人民，他们过着吃不饱、穿不暖的生活，朱德幼年的遭遇使他从小就同情生活穷苦的底层百姓。朱德一家共有11口人，长辈最年老的是祖父朱邦俊和祖母潘氏，朱德的伯父叫朱世连，伯母是刘氏，父亲叫朱世林，母亲是钟氏。此外，朱德还有两个叔叔，大叔叫朱世和，二叔叫朱世禄。另外，朱德有两个哥哥，分别是朱代历和朱代凤，一个姐姐朱秋香。在孩子中，朱德是最小的。因此，在朱德家，不管长辈还是哥哥或姐姐，都比较关心和疼爱朱德。当时中国人民受传统思想的影响比较严重，朱德凭借男孩的身份和年龄的原因，在家庭中，受到了比哥哥和姐姐稍好的境遇。

---

① 李新芝、谭晓萍：《朱德纪事》（上），中央文献出版社2011年版，第2页。

　　朱德的父亲是朱德家人中最具有中国人传统的那种朴实、憨厚、勤劳品质的人。朱德的父亲朱世林，很少出远门，没有见过世面，每天很早就起来干活，天黑透了才回家，一整天都在庄稼地里，但是他的辛勤劳动依然没有能够使全家人过上吃饱饭的生活。朱德的父亲没有接受过什么文化教育，整天在家里，因而也就没有接触过外面的世界，所以朱德父亲的思想是比较保守的。

　　朱德一生中最崇敬的人，是他的生身母亲钟氏。谈到朱德的母亲，单单用伟大一词来概括是远远不够的。在原来的小学语文课本中有《回忆我的母亲》一文，这篇文章是朱德为回忆他的母亲而写的，文章中详细描述了他的母亲所具有的勤劳和智慧。朱德的母亲钟氏，出生在一个比较困难的家庭，因而在朱德的母亲很小的时候，就不得不承担一些家里的劳动。和其他的女性不一样，朱德的母亲有着高大的身材，有着比一般农妇更好的体力。朱德的母亲虽然很强健，但也有女性温柔贤惠的一面。朱德的母亲是一个伟大的母亲，她一生共生育了13个孩子，由于当时家境比较贫困，无法给孩子提供生存必需的食物，结果只幸存下了8个。通过这一点折射出了旧社会的黑暗，贫苦农民被地主剥削得都无法养育自己的孩子，这是多么惨痛悲哀的事情!

朱德的母亲为了让孩子有口饭吃,不得不投入到繁重的家务和耕种中去,每天天还没亮,就起床干活。她在家不仅做饭,而且还养蚕,还要挑水挑粪。这些占用了她大部分时间,因而她没有办法细心地照顾自己的孩子,只能让孩子们在地里爬着。虽然佃户家庭的生活很艰苦,但是由于钟氏的勤劳、聪明和能干,使得朱家也勉强过得下去。钟氏高大而结实的身体,为朱家做出了不少贡献。朱德的母亲也是很节省的,她的每件衣服都是补了穿,穿了补。孩子的衣服也是老大穿了,老二和其他的弟弟、妹妹接着穿。

尽管朱德的母亲是贤惠的,她性情贤淑和气,对于自己的孩子从来不发脾气,也不打骂,但是她对孩子的管教还是较严的。正是由于母亲严格的教育,才没有使朱德染上任何不好的习惯,才磨练出朱德坚毅的品格。正如朱德后来所说的:“我应该感谢母亲,她教给我与困难作斗争的经验,他教给我生产的知识和革命的意志,鼓励我走上革命的道路。”①

---

① 朱德:《回忆我的母亲》,《朱德选集》,人民出版社1983年8月版,第113页。

第二节　求学救国

一、私塾学习

朱德生活在一个贫困的佃农家庭，能吃上饭都是一件很艰难的事情，更不用说去上学读书了。在那个灾难深重的年代里，朱德一家受尽了地主豪绅的剥削和欺压，祖祖辈辈没有一个读书人。正是深知没有文化的苦衷，因此宁愿勒紧腰带节衣缩食，朱家也要培养出一个读书人来支撑门户。1892年前后，仪陇县一带开始种植罂粟，罂粟的种植在一定程度上提高了当地百姓的收入，朱德家的经济情况也有所好转。因此，朱德一家人决心省吃俭用，送一两个孩子去念书，希望今后可以取得功名，出人头地，改变朱家的生活和社会地位，为家里抵挡税吏、差役的欺侮。

在朱德6岁的时候，朱德一家人经过商量，决定把包括朱德在内的兄弟三人送到一个本姓家族办的药铺垭私塾就读。教书的私师是朱德的一个远方堂叔，叫朱世秦。朱世秦一边在私塾教书，一边还作为医生为附近的人治病，这在当时是很受人尊重的。更难能可贵的是，朱世秦为了能让孩子们受到好的教育，竟然把自己的正房用来当作教室，而把侧房当作医治病人的中药铺。为了改变更多孩子的命运，朱世秦只收很少的费用，以便能让越来越多的孩子接受教育。朱德家离这个私塾并不远，朱德白天去私塾读书，中午回家吃饭，到晚上再回到家里。朱世秦收学生有一个原则，那就是只收农家子弟。在这些孩子中，朱德是年龄最小的学生，但是由于朱德聪明、肯学、读书最好，因而经常受到老师的表扬。

虽然朱世秦乐于教学，但是由于其能力有限，无法对孩子进行更深入的教育，所以朱德在这里读了一年多的私塾后，又到另一个私塾里学习。开办这个私塾的人是一个地主，恰好就是朱德家佃租其土地的那个地主。在这个私塾中进行教学的是丁老师，丁老师是秀才出身，他的授课水平要比朱德的堂叔好很多。来到这个私塾的不只朱德一人，还有他的两个哥哥。考虑到家庭的贫困，不久后，朱德的两个哥哥就回家种地了。因为朱德的年纪还小，朱德的父母决定把他过继给伯父抚养，以便朱德能够继续读书。在地主开办的私塾里，朱德读了两年，他不仅读完了《四书》，而且还学习了《诗经》等文章，通过两年的私塾学习，朱德对中国传统文化有了初步的了解，朱德国学的基础也慢慢奠定了。

在当时黑暗的旧社会，佃农的家庭总是灾祸不断。租种地主的土地需要年年交纳很大比例的租粮，朱德家租种的土地需要向地主交五十石租粮，剩下的粮食才归自己所有，而这些粮食刚刚够朱德家人吃，如果遇上灾祸的年份，他们很可能就要忍饥挨饿了。1895年，地主欺压佃户，要在租种的地方加租子，朱德家里没有钱粮交纳地主的加租。在除夕那天，地主的管家突然来到朱家，逼着他们退佃搬家。这突如其来的打击，使得朱德一家不知所措，无奈之下，朱德随着伯父、伯母和两个叔叔搬回大湾生活，朱德在这里一待就是整整14年。

居住地的搬迁使朱德的学业生涯发生了变化。迁居大湾后的第二年，朱德又开始上学，这次他上学的地方在离大湾不远的席家砭私塾，席家砭私塾的老师叫席聘三，四十多岁，在当时是一位很有学识的老师。席聘三老师由于多次考秀才未中，才决定回家开私塾，教书授业。朱德在这里一学就是8年，席聘三给他取字"玉阶"。朱德从一个人成长过程中的重要时期——10岁到18岁，师从席聘三，他从席聘三身上不仅学到了很多知识，而且学到了做人的道理。对朱德一生影响最大的私塾老师就是席聘三。席聘三是一个很有骨气而且又懂得人情世故、思想开明的老师，他有着强烈的爱国情感，喜欢纵论古今，抨击时弊，同时又非常痛恨恶势力，追求救国救民的真理，这些都深深地感染着朱德。

朱德后来回忆，在席聘三老师门下读书，获益终身。在当时那个时期，席聘三老师讲授的内容大多和时局有关联，他总是想法设法了解一些新知识，并且把自己了解到的知识和自己的感悟都传授给学生，这是席聘三与其他老师所不同的地方。只要学生想学什么东西，席聘三就会讲什么满足学生的求知欲。在席老师的讲授下，朱德对中国传统文化有了更深的理解。朱德聪明又勤奋，因而经常得到席聘三先生的夸奖。席聘三的倾囊相授，使朱德逐渐地喜欢读书，爱好作诗。更重要的是，在席聘三的启蒙、引导和教育下，朱德的心灵萌发出爱国主义思想，开始有意识地关心国家的前途和民族的命运，开始思考救国救民的道路。

二、科举兴邦

1905年，年满19岁，已经长大成人的朱德有了很大的变化。这些变化不仅体现在年龄上，也体现在知识的增长上。朱德追求思想进步、寻求新学的欲望越来越强烈。旧私塾已不能满足朱德对知识的渴望，他想去外面了解和学习更多的知识。

在朱德生活的年代，按照清朝的科举制度，一个人要想在仕途上有所成就，实现自己的人生抱负，就必须通过县试、府试和院试，才能成为秀才。朱德也不得不通过这一条道路，来改变自己、家庭和国家的命运。当时，朱德家里能吃饱饭就不错了，根本没有多余的钱供他去外地参加考试，并且大湾离仪陇县城有36公里，路途较远，家里为朱德东凑西借，才勉强凑足了可以使朱德去县里参加县试的路费。这一年，朱德肩挑简陋的行装、带着从亲友那里借来的一吊钱路费，同席聘三先生的儿子席景荣，还有几个同学一道步行去仪陇县城参加县试。这是朱德第一次离开养育他19个年头的家乡。由于朱德的努力和聪慧，朱德顺利地通过了县试。

尽管大湾离县城有三十多公里的路，但从朱德的爷爷到父亲，朱家人还没有一个人到过县城，朱德是朱德家人中第一个进过县城的人。朱德能够取得这样好的成绩，是全家人不曾想到的，家人和乡亲们都为朱德高兴。从此，朱家人下定了决心，即便是倾家荡产也要支持朱德继续读书。在参加完县试后，朱德继续为参加府试做准备。当时，仪陇县属于顺庆府。顺庆府是四川北部的政治、经济和文化中心。到顺庆府后，朱德仿佛进入了一个新的世界，一个自己不曾来过的广阔世界。这个世界的一切对他来说都是那么新鲜，又是那么陌生。正如朱德在后来回忆中所说的那样，大河也是他生平第一次看见。幸运的是，朱德又顺利地通过了府试。

朱德在前往顺庆府参加府试之后，利用空闲时间到距仪陇县城四十多公里的南部县盐井去参观，希望能看到国外的机器，增长一下见识。令人失望的是，当朱德和许多结伴同行的考生一起到了南部县盐井后，他们并没有看到什么新式机器，而是几千名贫病交加的盐工，这些盐工在这里过着极其苦难的生活。他们每天不停地从事着奴隶式的劳动，吃不饱，穿不暖，并且艰苦的工作使得他们面容憔悴，瘦骨嶙峋，身上除了一块裹腰布外，几乎赤裸。这种悲惨的情景给朱德留下深刻的记忆，他非常同情那些受苦受难的人民群众，强烈希望改变他们的境遇。

三、接受新式教育

20世纪初，腐败的清政府及其军队已经无法应付当时混乱的政治局势，政府的财政收支也出现了巨大亏空，这使清朝统治者感到自己的统治地位已经开始动摇了。因此，维护清王朝的统治成为当时统治者面临的重要任务。1901年，清政府正式宣布实行"新政"。1905年，清政府又宣布停止科举考试，禁止在地方设立私塾，大力提倡兴办新式学堂，希望通过新式教育来挽救清王朝的统治。在此背景下，各种各样的新式学堂如雨后春笋般迅速发展起来。1906年，顺庆府也兴办起新式学堂，周围县里的学生都到新式学堂求学。由于科举制的废除，通过府试、再经过院试，考取秀才的机会就没有了。朱德虽然没有考取秀才，但是内心里还是非常喜欢读书，所以他决定到顺庆府的新学堂学习。由于家里的长辈受传统思想影响比较严重，朱德去新式学堂读书的想法，没有得到家长的同意。

为了能够学习更多的知识、开阔视野，朱德只能向席聘三老师求助。席聘三老师有超前的思想意识，大力支持朱德去新式学堂读书。在席聘三老师的帮助下，朱德的家人最后改变了态度，同意朱德到顺庆府上新学堂，并且东挪西借地给朱德筹措了一笔钱，供他读书时使用。

1906年春天，朱德考入南充县官立两等小学堂。朱德在这里又学到一些简单的地理、历史和英文知识。半年后，朱德考入了顺庆府官立中学堂。这里的课程在小学堂原有的地理、历史和英文外，又增加了数学、物理、化学、美术、体育等课程。那时的物理和化学两门课程既没有课本，又没有实验室，学生只能通过老师的讲述，记些笔记。朱德对学习新课程的兴趣非常高。当时，这两所新学堂中的一部分老师思想是比较进步的。南充县两等小学堂的监督是张澜，顺庆府中学堂的监督先后由张澜、刘寿川担任。他们两人都曾在日本留过学，是当时的新人物，除担任监督外，还给学生讲课传授新知识。张澜老师上课经常鼓励自己的学生，他曾经在课堂上对学生说："现在要亡国灭种了，要牺牲身家性命，去救国家"。①在这两人的教育下，学生不仅学到很多书本知识，而且还认识到国家需要进步青年去探索新的革命道路。

朱德在顺庆府新学堂读书的时间只有一年，但是，这是朱德一生中思想发展的第一个重要转折的一年。在这一年中，朱德学到了许多救国救民的道理，开始接受科学民主思想的教育。在这一年中，朱德完成了从学习旧学到学习新学的转变，开始接受"读书不忘救国"的进步思想。当时，朱德与社会各方面的进步人士交往多了起来，从他们口中得知成都新建立了一批学堂，包括武备学堂和体育学堂。朱德对这些学堂都是比

---

①唐睿智：《湘潮（下半月）》2010年2月。

较感兴趣的，所以他决意到成都去上学。1907年初，朱德借到45块银元，一个人徒步到了成都。当时，作为省会城市的成都不仅商业繁荣，手工业发达，而且开始有了新军和警察，街上还出现了胶皮轮的人力车。这一切，对朱德说来都是那样的新鲜，大大开阔了他的眼界。与这种畸形繁华形成鲜明对比的是，城里到处都是衣衫褴褛的穷困群众。

朱德到成都时，武备学堂和体育学堂都在招生。他先考上了武备学堂的弁目队，那是为新军训练军士的，可是家人不让他去。接着，他又考入了四川通省师范学堂设立的体育学堂。朱德在这所学堂，不仅喜欢读书，而且也非常关心国家大事。当时，要求推翻清朝政府、建立民主共和国的革命思想已在成都学堂里流行起来。成都的生活使朱德增长了见识，开阔了视野，并使朱德也初步具有了推翻清王朝的统治，建立民主共和国的思想。

1908年，接受了两年新式学堂教育的朱德，来到县立高等小学堂当教师，他想把这种新式的教育传到自己的家乡，为家乡的教育做点有益的事情。但在守旧势力的反对下，新式学堂才招来12个学生，并且，朱德时常遭到守旧分子的嫉恨。记得有一年孔子诞辰，学堂的师生参加"祭庙"活动，按惯例要给教师每人分一斤或两斤祭祀用的猪肉、牛肉，这叫做"胙肉"。可是朱德连一两也没有分到。在当时，这对一个教师来说，是一种莫大的侮辱。朱德对这些却毫不在意，认为"不吃那点肉，我倒觉畅快些"。[①]尽管受到这样的欺辱和排挤，朱德仍然热情地向学生传授新式教育。

---

① 萧向成：《朱德故里》，文物出版社1986年10月版，第29页。

第二章　投笔从戎

早年朱德立志通过考科举来改变家庭的境况，进而拯救黑暗的中国，但是接受了两年的新式教育后，朱德深刻地意识到单单依靠学知识、读课本是不行的，必须寻找一条更好的救国之路。经过实践和思考后，朱德决定远赴云南，考讲武堂，学军事，以救人民、国家于水火。云南一行，使得朱德在军事上初有作为。

第一节　辉煌的军事生涯

一、跋涉赴云南

朱德在仪陇县高等小学堂的一年实践，学到了许多在书本上、课堂里学不到的东西，这些东西使朱德对社会了解得更加透彻。在这一年中，朱德受尽了封建势力的保守派的欺压和排挤，亲身体验到了中国封建社会的黑暗与腐败。这些经历并没有使得朱德气馁，反而加强了他拯救国家和人民的决心。经过实践和反思，朱德明白了教书育人不是唯一的救国道路，朱德要走出大山，到外面去探寻新的救国救民之路。在这时，传来了云南开办陆军讲武堂的消息。朱德经过再三考虑，决心到云南去报考讲武堂。朱德认为，云南靠近边疆，是一个很重要的国防地带。在外国列强加紧掠夺中国边疆的形势下，当时最危险的就是东三省和云南，考虑到四川离东三省的路程较为遥远，朱德决定去云南报效国家。在朱德要离开仪陇高等小学堂的前夕，恩师席聘三与其彻夜长谈，给予了他极大的鼓舞。朱德告诉他的恩师，现在国家正处于危难之时，他要前往云南报考讲武堂，学习军事拯救国家、拯救人民。席聘三表示支持朱德去云南投考讲武堂，并鼓舞朱德走从戎救国之路。

云南与四川接壤，两地人民有着共同的生活习惯，两省人员来往也比较频繁。清王朝的四川总督改任云贵总督后，在云南编练新军，从四川调去很多人，其中包括四川武备学堂弁目队的一批学生。朱德从仪陇高等小学堂辞职回家后，收到一封成都的来信。这封信是他在体育学堂的同学敬镕写的，告诉他云南陆军讲武堂夏季招生的确切消息，约他一同去投考，这就更坚定了他到云南去投军的信心。

当时，受日本明治维新的影响，加上中日甲午海战和日俄战争的双重影响下，许多爱国青年决心要从军事入手，使国家富强起来。这就是当时的"强兵救国"论，朱德就是"强兵救国"思想的拥护者之一。朱德的家人同意了朱德去云南考取讲武堂，因为朱德已经长大，有自己的思想和抱负，他想去外面闯一闯，看看外面的世界，更好地施展自己的才华。1908年刚过完春节，朱德就告别亲人上路了。这次远行，他没有告诉家人和亲朋好友，连左邻右舍也不知道。离家那天，天还未亮，他就起来收拾行装，背上他两年前第一次去成都时背的那个小布包，怀里揣着伯母为他煮的几个鸡蛋，双眼满含着泪水，告别了伯父、伯母，走上了那条出山的大道。经过12天的长途跋涉，朱德赶到成都，找到同学敬镕。2月初，朱德和敬镕结伴，迎着早春的风寒，踏上漫漫的旅途。

这次千里跋涉远赴云南，确定了他一生所走的道路。正是这次远行，将他铸造成了一个职业军人，一个叱咤风云的将军，一个统帅三军的元帅，一个伟大的军事家，一个人民军队的缔造者。朱德从成都动身时，身上除了从仪陇县带来的小布包袱外，就是一捆草鞋，他就是凭着这捆草鞋走在去往云南的路上。因为是第一次去云南，所以朱德不知道具体的路线，于是他就打听去云南的路线，并且寻找路上的伙伴。功夫不负有心人，朱德与两个前往云南的盐巴贩相识了，朱德和敬镕打算跟着一队马帮去云南。为了不让陌生人对朱德和敬镕有怀疑之心，盐巴贩建议朱德和敬镕装扮成做小本生意的买卖人。朱德和敬镕采纳了盐巴贩的意见，在街上买了一些日常用品，作为他们一路上出售的东西，一方面为了路上安全，另一方面还能赚到一些路费。第二天清晨，朱德和敬镕就跟着盐巴贩的马帮上路了。朱德和敬镕跟在贩盐马帮的后面，沿着金沙江，在五莲峰的原始森林里，踏着那条古老的马帮商道，艰难地行进着。商道的两旁古树参天，常年不见阳光，路上布满了青苔，又湿又滑，一不小心就会滑到山涧里去，但是即使如此难走的路程，朱德为了寻找新的救国之路，仍不畏艰辛地向前行走着。

这时恰逢是雨季，阴雨连绵，好几天都看不见阳光。朱德穿着破旧的草鞋，背着小竹篓，紧跟在马帮后面，跋山涉水，在深山老林的崎岖小道中穿来穿去，只有到了晚上住店时，他们才知道自己一天走了多少里，离云南还有多远。在行走的第一天，朱德和敬镕一句话也不说，只管低着头，向前走去。马帮朝什么方向走，他俩就向什么方向走，他们每天都是天不亮时就出发，走到天黑才停下。等到天黑时，马帮在一个熟悉的小客栈里歇宿了。马帮一到店门口，那两个盐巴贩就去帮着马帮卸货、卸鞍、遛马、喂草。朱德他们也学着两个盐巴贩的样子干起活来。马帮老板看着朱德这个人老成，又可以吃苦，就断定朱德这个人不是简简单单的一个人，认为他以后一定会有所成就。到了第二天，依然等天还没有大亮，朱德就跟着马帮摸着黑上路了。由于自己对道路的陌生，朱德他们依旧紧跟在马帮后面慢慢地向前行走。就这样，转眼间半个月的时间过去了。尽管跟随着马帮，他们已经进入了云南的地界，但是离昆明的距离还是很远，具体多少路程他们说不清楚，不过朱德知道，想要一两天到达昆明还是有困难的。尽管充满着各种不确定的因素，但是为了能够学习更多的军事知识，增长自己的才干，朱德和敬镕依然鼓起勇气，两人一起白天行走，晚上休息，向昆明的方向走去，三天后，他们终于走到了昆明，这一刻他俩好像取得了胜利的成果一样，高兴得又蹦又跳。

回头看朱德走的路程，从离开仪陇县开始算起，到昆明止，这一路程历时两个多月。这对常人来说，是多么的不易，他们不是不想坐船，不是不想骑马，主要是因为他们家境贫困，能凑些盘缠出来，在路上不饿死就是极限了，哪里还有多余的钱乘坐交通工具。他们硬是凭着一双铁脚板和一捆草鞋，跋山涉水，走到达昆明的。一路上的艰辛，常人是难以想象出来的。两个人之所以能走这么长的路程，主要是因为他们有着学习军事知识以拯救国家前途的深切渴望。正是这点渴望，支撑着他们奔向云南。

二、考入讲武堂

朱德和同伴一行千里，一路上跋山涉水，使朱德真正饱尝了"吃尽云南苦的滋味"。到了昆明，朱德和敬镕两个人在昆明城内一个四川人开的小客栈里住下。"朱德、敬镕到达昆明时，正是云南讲武堂开始招生的时候。他们寄住在昆明景星街一个四川同乡萧氏开设的临时客栈里，准备应试。"①朱德安顿下来后，做的第一件事就是写信把自己平安到达云南的消息告诉家人，把自己这次离家远行的真实目的详细地告诉家人。他在信里说，家里祖、父两辈人都指望自己支撑门户，指望自己当官、挣钱，使全家从贫穷中摆脱出来。老人们的心愿是好

---

① 马伯周：《回忆我所知道的朱德委员长的部分革命史实》，1978年11月26日

的，但根本无法实现。因为要想使自己的家庭好起来，生活富裕起来，就必须拯救灾难深重的国家，一个国家灭亡了，哪里还有什么小家的幸福。因此，就自己小家和国家来说，朱德决定先放弃自己小家，把自己的知识奉献给国家，对于父母的养育之恩，朱德只有来生报答。由于家里长辈传统守旧的观念，不要说自己的孩子去当兵了，就是听见当兵的这个词都是很反感，在家人长辈的眼里，一个真正的好男儿是绝不应该走当兵路线的。然而，在当时内忧外患的形势下，许许多多的热血青年都走上了"从戎救国"的道路。朱德对于自己选择的路，走定了，就义无反顾，决不后悔。在到达昆明的第二天，朱德和敬镕就去打听报考讲武堂的事情。别人告诉他们，讲武堂主要招收云南籍的学生，外省人没有当地老住户或者有地位的人担保，是不能报考的。后来，敬镕找到了一位四川同乡，想请他担保报考讲武堂。这位同乡是在由四川人组成的新军步兵标里供事。看在同是四川老乡的份上，他答应了。

云南地处西南边陲，与当时的法属印度支那和英属缅甸接壤，正处于法、英帝国主义侵略势力的争夺范围。法国在宣统初年向清政府要求掌握云南七府矿藏的开采权，英国伺机侵略我国边疆的片马等地。而滇越铁路的修筑，更使云南的局势岌岌可危。清政府为了维护其摇摇欲坠的统治，决心培养一批军事人才，并建立新的军事力量。1909年，在云南昆明建立了陆军讲武学堂，为新军建设培养骨干人才。夏天一到，云南陆军讲武堂便开始招生，朱德和敬镕在那位四川同乡的介绍下，报名参加了考试，成绩都还不错，他俩都感到很高兴。然而没有想到的是，这一届招生发榜时，敬镕被录取了，而朱德却榜上无名。朱德想不通，按理说，自己考的成绩要比敬镕好一些，如果真的是只录取他俩中的一个，也应该是朱德，而不是敬镕。

朱德怎么也想不清这其中的原因，一连几天，他都陷入了极度的苦闷之中。敬镕心里也过意不去，便带着不安和愧疚道出了其中的秘密。原来，敬镕在报名的时候悄悄地把自己的籍贯改成了云南昭通，而朱德的籍贯写的是四川，所以最终朱德落榜了。朱德从家乡带来的盘缠所剩无几，但自己试图通过从军救国的梦想却还没有得到实现。即使是这样的结果，朱德依然没有放弃，纵然前面是刀山火海，他也要去闯荡一番，不达目的誓不罢休。为了实现自己从戎救国的梦想，朱德决定降格以求，经那位新军中的四川同乡介绍，补入了新军第十九镇第三十七协（旅）步兵标当兵。这次，朱德在填写报名登记表时，吸取了上次的教训，把籍贯由四川省改写成了云南省。在新军里，由于朱德的文化程度比较高，并且又上过体育学堂，身体很是强健，在入伍后的基础训练中，朱德就取得了非常优异的成绩。另外，朱德读私塾时就受过良好的教育，文笔也非常不错，所以他很快就担任了队部里的文书。朱德优异的成绩和表现，经常受到部队领导的夸奖，最终他被推荐，再次去投考讲武堂。

这次报考讲武堂的结果是朱德如愿以偿地以高分被录取，而且讲武堂给予了他很高的待遇，一切公费，并且把他分到丙班步兵科。在云南陆军讲武堂，丙班学员主要是招收有志的青年学员。讲武堂对这些有志青年的要求非常严格，他们接受着更加严格的军事教育和训练。讲武堂的监督李根源和其他一些教官，如李烈钧、唐继尧等，都是日本士官学校的毕业生。他们当中的绝大多数，在日本学习期间就参加了孙中山领导的秘密革命团体——中国同盟会。这些人回国后，除一部分人到新军中充任中级军官外，大部分人都去了讲武堂。他们不仅参与了新军的建立和讲武堂的开办，培养了许多军事人才，而且在以后的辛亥革命中也发挥了重要作用。

朱德进入讲武堂后，受到这些军官思想的影响，他心中也逐渐开始燃烧起浓烈的反清火焰。在资产阶级民主思想的影响下，教官和学生的思想极为活跃，他们组织社团，传播西方的科学与民主思想。在讲武堂上，朱德结交了许多朋友，这些爱国青年都志存高远，他们团结在一起，为拯救自己的国家而共同奋斗。

三、参加同盟会

在云南讲武堂，朱德的生活虽然紧张，但是也很兴奋。朱德回忆那时的生活，"这时候我学习得很舒服，又没有什么挂虑，家嘛离得老远，也没有什么亲戚朋友，所以说，这可以说是一个特别专心学习的时期"。[①]朱德的学习成绩是非常优秀的。在讲武堂里，提到朱德，没有人不知道的，没有一个不夸赞朱德的。讲武堂里到处都能看到朱德刻苦好学的身影，朱德胸怀大志，走上了民主革命的道路。

朱德在指挥队伍时，口令声音洪亮，动作干净利索，他的这些表现在全校都是名列前茅的。外国领事每次到讲武堂来参观，总办李根源都会让朱德和朱培德两人出来指挥。因此，

---

① 李新芝、谭晓萍：《朱德纪事》（上），中央文献出版社2011年版，第70页。

同学们都称他们为"模范二朱"。当时，讲武堂中的军事教官大多数是来自日本士官学校的毕业生；在文职教官中，大部分都是留日学生毕业回国的知识分子。讲武堂成了军事教官和文职教官的留日学生的集中地，也是他们回国后发挥自己才能的地方，更是为国家出力的一个重要场所。1905年，孙中山在日本东京创立中国同盟会后不久，就找了云南籍的同盟会会员李根源等人谈话，孙中山嘱咐他们筹办《云南》杂志。办这个杂志的目的在于，大力宣传云南官吏与西方列强对云南百姓的压榨和欺凌，唤起云南百姓的警醒，呼吁云南人民进行积极的反抗。所以，同盟会会员要加紧开办地方杂志，正确引导当地人民，开展爱国斗争。为了响应形势的需要，同年10月，《云南》杂志在东京创刊。杂志的第一期《发刊词》强烈地鞭笞了英、法激烈争夺云南的局面，并且号召云南民众要同心同德，团结起来，不畏生死，抵抗强敌。这本杂志以云南留学生同乡会名义出版，大量流入云南省内，在云南民众中产生了很大影响。

与此同时，云南面对的民族危机也正在日益白热化。特别是法国修建滇越铁路，更被人们视为云南即将沦为殖民地的标志事件。朱德回忆说，在他们刚刚入学的时候，穿过国界的滇越铁路，便是法国帝国主义用来侵略中国的一条主要交通动脉。当时的学生头脑中激荡着亡国的刺激，他们立志要使中国摆脱帝国主义国家的压迫和束缚。所以，在创办云南陆军讲武堂不久后，广大爱国青年就创建了一些革命团体，比如孙中山先生创建的同盟会。朱德正是在孙中山的民主革命思想的影响下，于1909年在云南陆军讲武堂参加同盟会的。朱德和其他同盟会成员，不仅要传阅《云南》杂志，并且还看其他的革命书刊，以更好地了解国家的形势和革命的发展程度。他们翻阅的书籍主要有《民报》、《猛回头》、《革命军》等，大家经常谈论和考虑的话题，都是关于革命起义的。这样，云南讲武堂就成为云南革命力量的重要据点。在这个革命据点里，朱德积极参加同盟会的秘密革命活动，还阅读了大量的国外有关改革政治方面的书籍，通过对相关书籍的阅读，大大扩充了自己的知识面，扩大了视野。同盟会提出的"驱除鞑虏，恢复中华，创立民国，平均地权"的纲领强烈地吸引着他。正如朱德自己所说的那样：在讲武堂的日子里，他是全心地投入了讲武堂的工作和生活，并且在其他地方，朱德从来没有这样拼命过。他自己也感觉到，讲武堂的生活引领他踏上了拯救中国的革命道路。

第二节　军界初有作为

一、参加云南起义

1911年6月，云贵总督把原在广西新军任职的蔡锷调往云南。蔡锷出身于贫苦家庭，平时话很少，但是他异常聪明，学习也非常刻苦，毕业于日本士官学校。蔡锷到云南后，了解了中国革命形势，努力地做好本职工作，经常工作到深夜。朱德有着强烈的求知欲望和积极的进取心，经常到蔡锷的办公室请教一些问题和借阅一些书刊。长时间的接触，使朱德发自肺腑地尊敬蔡锷。蔡锷看到朱德的质朴和勤奋，看到朱德有着和自己一样的忧国忧民的情怀，看到朱德为国为民所做的努力，非常爱惜朱德，希望朱德在将来能够有更大的作为，为国家做出更大的贡献。

虽然，蔡锷和朱德的关系非常密切，并且也常常鼓励朱德到他那里去，然而在重大政治问题上，蔡锷却不发表自己的意见。尽管蔡锷看上去对国家发展的形势不闻不问，但他心里早已成竹在胸。有人去找他谈论正在进行的革命活动时，蔡锷告诉他，"不是自己不想改变当前黑暗的现状，而是时机没有到，一旦时机到了，自己绝对支持"。[①]没过多久，这个时机真的来到了。1911年10月10日，震动全国的武昌起义爆发了。9天后，蔡锷同云南新军中的同盟会员一起商量在云南准备起义，并响应武昌起义，他们几个人在一起发誓要为革命严守秘密，若有泄露秘密的，大家将视其为敌人，共同惩罚泄密者。于是，蔡锷与云南新军中的同盟会员先后三次召集新军中的革命分子进行秘密会议。他们积聚在一起歃血为盟，共同商定驻昆明的新军各部于10月30日半夜12时发动起义。

朱德所在的讲武堂丙班步兵科于8月已提前毕业，这些毕业生中有18人成为了蔡锷的部下。这些优秀的军事人才，在这次起义中发挥了重大的作用。朱德在毕业不久后，被任命为司务长，负责士兵运动。在当司务长的日子里，朱德又学到了很多知识，体会到了一名战士在国家处于危机中的重大历史使命，增强了自己为国效力的决心。10月30日，预定起义的日子到了。然而，正当要发动起义时，一件非常意外的事情发生

---

① 詹秉忠、孙天霖：《蔡锷对云南同盟会的态度》，《云南文史资料选辑》第10辑，第18页。

了。这天晚上9时左右，起义军士兵在昆明北校场正在为准备起义而搬运子弹时，遇到了北洋派值日队军官的询问和追查，为了保护起义部队的子弹，情绪激昂的士兵开枪打死了这几个军官，这样在不得已之下，起义就提前发动了。这部分起义军一鼓作气攻入昆明北门，进攻五华山和军械局。这时正在布置起义的蔡锷，在远处听到北校场起义的枪声已经响起，于是立刻下令提前攻城，宣布云南起义。

在起义最紧要的关头，朱德被指派接替其所在连的连长职务，率领部队执行新的任务。晚上12时，起义部队全部入城。黎明时，起义军已占领所有城门，朱德率领其部队参加攻打总督衙门。由于他们同总督衙门的卫队营事前已有秘密联系，卫队中有不少四川人，朱德自己也曾利用这种同乡关系在卫队营中作过士兵工作，因此，这些卫队很快就缴械了。第二天晚上，起义军将五华山和军械局攻克。不久，大理、临安的新军也相继起义，各地的巡防营被陆续肃清，云南起义取得了胜利。云南起义，不仅使朱德实践了自己的军事知识，而且提高了自己的军事才能。1961年10月7日，朱德曾在《辛亥革命杂咏》这首诗中赞到云南起义："同盟领袖是中山，清帝推翻民有权。起义武昌全国应，扫除封建几千年。云南起义是重阳，下定决心援武昌，经过多时诸运动，功成一夜好开常"。[1]云南起义是武昌起义后第五个起来响应的省份，也是西南各省中第一个独立的省份。这个伟大壮举，震撼了腐朽的清王朝。

二、担任护国先锋

辛亥革命推翻了清朝政府统治中国几千年的君主专制制度，建立了中华民国，这使许多人欢欣鼓舞，认为中国将要开始一个新的纪元。但是中国半殖民地半封建社会的根基实际上并没有被触动，旧势力的政治代表袁世凯很快就向涣散的革命势力反扑过来，孙中山发动的讨袁"二次革命"也失败了。洋洋得意的袁世凯对外接受日本帝国主义提出的企图灭亡中国的"二十一条"，对内公然准备恢复帝制。中国的命运再一次处在危机之中。

袁世凯的倒行逆施，使远在滇南作战的朱德感到震惊，他愤怒地斥责袁世凯是一个卖国贼。朱德全心为国家奋斗的决心丝毫也没有动摇，他盼望新的革命斗争风暴的到来，盼望已接替蔡锷担任云南将军的唐继尧能够率领滇军反对袁世凯。然

---

① 朱德：《辛亥革命杂咏》手迹，《辛亥革命回忆录》第1集，中华书局1961年10月版，卷首。

而，事情却并不是朱德想的那样，唐继尧并没有像蔡锷一样，坚定地维护革命，推翻暴力统治。当时，唐继尧看袁世凯势力仍盛，在很长时间内都徘徊不定。

1914年12月19日，正在北京的蔡锷通过自己的机智摆脱了袁世凯对他的严密监视，几经周折秘密地从北京返回昆明。蔡锷到云南后，决心带领云南各地的驻军，推翻袁世凯的反动统治，维护辛亥革命的成果。随后，蔡锷就派人给分驻各地的滇军将领们送去自己的亲笔信，在信中，他详细地介绍了全国反袁斗争的重要形势，希望他们能积极做好准备，在云南各地开展起义，旨在推翻袁世凯的统治。12月25日凌晨，朱德等人根据蔡锷的安排，率领部队驱逐反动军官，并且在云南各地起义，举行讨袁誓师大会，成立护国军。起义结束后，朱德立刻率领部队前往昆明，为了北上讨袁，朱德进一步扩展护国军的队伍。12月30日，朱德被调离了他最初率领的部队，改任滇军补充队第四队队长，其主要职责是负责训练新兵。1916年1月6日，朱德被委任为滇军步兵第十团团长，所部编入护国军第一军，为第三梯团第六支队。护国军第一军分为左右两个纵队挥师北伐。当护国军第一军进入川南后，最初进展还是比较顺利的。护国军第一梯团在1月15日进入四川，20日又强渡金沙江。强渡金沙江的胜利，是护国军取得的第一个大胜利的典型标志。面对护国军的节节逼近，袁世凯感到了威胁，所以立即派曹锟等人率领自己的部队阻击护国军的进攻。

由于双方兵力悬殊，护国军在战争中处于劣势。同年2月9日，北洋军偷渡长江，加上护国军麻痹大意，致使部队猝不及防，纷纷溃逃，蓝田坝、月亮岩等战略要地相继失守。除此之外，护国军的多门大炮也相继损失。这一形势，使得川南战场局势发生了很大的变化。为了扭转战场较为被动的局面，护国军决定分兵三路开展反击。其中朱德率两营，附一个炮兵连和机枪排，向北洋军进攻。在这期间，北洋军凭借自己占据居高临下的地形和坚固的防御压制护国军的进攻。在交战了半天后，护国军没有取得什么大的进展，于是朱德决定采用侧攻的方式来攻破北洋军的固守，朱德命令一小部分人用猛烈的炮火从正面牵制敌人，而将大部分兵力迂回到敌人侧面进行攻击。这种出其不意的作战方式，北洋军始料不及，遭到了沉重的打击，损失十分惨重。在这种有利的情形下，朱德组织了更多兵力向正面阵地进行猛烈的反扑，突破了北洋军的几个重要战略要地。关键时刻，朱德又得到了援军的支持，这样，护国军在朱德的指挥下又占领了失去的阵地，士兵的士气也得到了提升。

朱德在这次重要的战役中，展现出的高超的军事指挥才能，使得护国军将领又把一个营交给他指挥。尽管朱德率领的护国军在作战中取得了不错的战绩，然而由于双方力量的悬殊，护国军的部队仍然受到重创。鉴于这种情况，护国军由战略进攻转为战略防御。经过长期的交战，护国军也无法迅速取得胜利，所以蔡锷下令撤退。护国军撤退后，并不意味着护国军就放弃同袁世凯的对峙。当袁世凯听到护国军撤退的消息后，他对战场形势作了较为乐观的估计。但是，袁世凯万万没有想到，护国军的撤退，使得全国反对袁世凯称帝的运动愈演愈烈，护国军两个月以来的顽强战斗也给了当地民众和全国人民很大的鼓舞。全国人民的反对和护国军的声讨，使袁世凯处在越来越孤立的地位。正当朱德率领的护国军继续进攻的时候，袁世凯于1916年3月22日被迫宣布取消帝制。

1916年4月6日到5月29日，在不到两个月的时间里，四川、广东、浙江、陕西、湖南等五省又相继独立。袁世凯看到全国的形势已不可逆转，在众叛亲离中忧愤成疾，于6月6日死去。在袁世凯死去的第二天，黎元洪宣誓继任中华民国大总统。同日，朱德率领的护国军进驻庐州。护国战争宣告结束。

后来吴玉章在祝贺朱德六十寿辰时曾说："你是护国之役的先锋队，沪州蓝田坝一战，使张敬尧落马，吴佩孚、曹锟手足失措，袁世凯胆战心惊，终将袁氏帝制倾覆，保存了中华民国之名。"[1]

三、忠实参与护法

朱德的部队在护国战争结束后，就被改编为第七师第十三旅第二十五团，这个部队先后驻扎在两个地方，一个是四川的沪州，另一个是四川的南溪。在这里的一年，朱德过着较为平静的生活。然而，不幸的是，蔡锷于1916年8月逝世，蔡锷的逝世对朱德来说是一个很大的打击，因为蔡锷不仅教会了朱德许多做事的原则，而且还是朱德的革命战友，为朱德指明了前进的道路。朱德平静的生活，在当时那个兵荒马乱的年代注定是不可能持续很长时间的。

一个民族在探索和寻找正确的道路上，总会有汹涌的波涛。1917年夏季，风云变幻的中国又经历了一场新的政治波

---

① 吴玉章：《庆祝人民军队的创造者朱总司令玉阶同志六十大寿》，《人民的光荣——朱德委员长光辉战斗的一生》（一），北京师范大学公共政治理论课教研室编内部本1977年12月版，第23页。

澜。6月，驻防徐州的军阀张勋借着黎元洪免去段祺瑞国务总理职务的机会，率领其所属的部队进入北京，废弃《临时约法》，逼迫解散国会。张勋做出这一系列的活动之后，又决定恢复被废除的帝制，恢复清王朝的统治，所以张勋把已经退位的清末废帝溥仪请出来，公然实行复辟。但是，辛亥革命已使民主共和的观念深入人心，张勋的复辟活动一开始，就激起了全国人民的愤慨，这样，张勋复辟的行动在很短的时间里就失败了。正当张勋复辟的时候，驻守在北京的段祺瑞率兵兴师讨伐张勋，受到了人民的拥护，一时被称之为"再造共和"的元勋，被推举再次出任国务总理。但是，令公众气愤的是，段祺瑞在掌握政权后，拒绝恢复《临时约法》，这样就导致了护法战争的爆发。

《临时约法》是维护民国政府民主共和的重要法律保障。孙中山宣布开展"护法运动"，维护《临时约法》，维护民主共和。当时，朱德驻扎在四川南溪，等待新的任务。护法战争发生后，朱德被委任为靖国军第二军第十二旅旅长，率领部队进驻泸州，为护法运动效力。然而，讨伐北洋军的命令一直没有下达。为此，朱德主动致电唐继尧请求立即北伐，但是唐继尧没有予以理睬，而是要求朱德率领部队进攻刘存厚部，与刘存厚部争夺四川的控制权。一名军人在任何时候都要听从命令，这样朱德不得不带领他的部队继续冲杀在无休止的内战中。部队的非正义战争，使得朱德陷入深深的忧虑中。

正当滇军在川南战场告急的时刻，局势突然发生变化。由于滇军将士的努力，以及黔军的配合，使依靠北洋政府的刘存厚等部被迫从川南各地撤退。滇军乘机由川南发起反攻。局势的变化，使朱德心中重新燃起希望的火焰。1917年12月10日，朱德再次致电唐继尧，表示要进攻泸州。这次唐继尧没有拒绝朱德的请求，在朱德的率领下，部队成功攻占了泸州。

成功攻克泸州，使得朱德看到了胜利的希望，这种有利的形势，朱德认为进军北伐的时机到了。朱德命令部队，积极准备出川，保护《临时约法》，推翻北洋军阀在中国的统治。在部署周全后，朱德把自己的想法致电唐继尧，原本想自己的主张能够得到唐继尧的大力支持，然而却一直都没有收到回电。于是，朱德就再次请缨北伐。但是，唐继尧还是没有回复。其实这时的唐继尧就是想借"护法"之名而独霸四川一方，只不过朱德由于一心护法，没有看清唐继尧的本质，所以仍然认为自己在支持孙中山先生的"护法"的主张，这一点充分说明了朱德为了中国的前途，履行了作为一个军人的职责。

第三节　远渡重洋探索真理

一、寻找革命的道路

护法战争失败后，朱德在1918年8月到1919年4月这段时间里，认真阅读了大量的中外书籍。这些书籍大多是关于国外革命的，这些国家的经验和教训，使朱德的思想发生了很大变化。然而，真正使朱德思想发生重大转折的，是1919年爆发的五四运动。随着五四运动的风暴猛烈地洗涤着中国的大地，作为一个中国人，作为一个立志救国救民爱国将领的朱德，坚定地支持学生和商人开展的大规模游行示威和爱国运动。五四运动的浪潮也把大量传播新思想、新文化的书刊带进了沪州。朱德从这些书刊中接触到马克思主义等各种思潮，这些思想拓宽了他的眼界，使他看到了其他途径的救国之路。朱德对这些新思潮产生了浓厚的兴趣。在他的朋友孙炳文帮助下，开始用一种新的眼光去探寻中国的前途。孙炳文的到来，对改变朱德的人生道路起了重要的推动作用。二十多年后，朱德对这位已故的挚友仍然怀念不已，他说："凡接近者均受其模范激励而有所整作"。[①]

俄国十月社会主义革命的成功，引起了朱德的注意。朱德认为中国只有借鉴俄国的经验，才有可能使人民摆脱压迫和苦难。虽然朱德还没有明确地找到根本解决中国问题的出路，但是，他通过把自身的经历同俄国的现实进行比较，开始朦胧地感到有必要学习俄国的新式革命理论和革命方法，并在中国进行革命。

朱德对国外情况的了解，包括国外的经济制度、政治制度和社会制度的基本情况。朱德和孙炳文来往频繁，两人总是反复地讨论民主、科学、民族和种族平等方面的问题。这些都对朱德产生了较深的影响。朱德希望中国的革命志士能够借鉴西方资本主义国家有益的革命思想，服务于中国，使中国摆脱外国列强的欺侮，成为一个独立自主的国家。但同时，朱德清晰地认识到，中国要想真正实现独立，自身必须强大起来。为了寻找救国救民的道路，朱德和他的朋友们进行了长时间的、认真的讨论。希望与失望，追求与彷徨，复杂的心境交织在一起，使朱德处在一种苦闷的状态中。

---

① 朱德：《朱德致任锐信》，1945年3月24日。

　　1920年5月，四川境内再次燃起汹涌的战火。唐继尧为了控制四川，无视入川滇军将领的劝阻，尽力排挤不愿意听他任意摆布的四川督军，以"阻挠北伐"为借口，发动了对四川督军的战争。朱德虽然早就提出过撤回部队，还政于民，滇川和解的正确主张，但并不为唐继尧所采纳，他身不由己地继续卷入混战的漩涡中。在"驱逐客军，川人治川"的口号下，川军各部在四川督军的主持下，联合起来，共同对付滇军。而滇军兵饷无援，处于孤立境地，又恰遇时疫流行，很多士兵死亡，一部分将领对唐继尧不满，不愿意继续进行战争。9月中旬，川军和滇军在成都近郊血战九昼夜，滇军大败。滇军这次在四川的惨败，完全是唐继尧对外扩张的错误政策导致的。当滇军将领回到云南后，又亲眼目睹了唐继尧穷奢极欲、荒淫无度的生活，更为愤慨。所以，朱德就同孙炳文商定，让孙炳文先去北京，朱德在推翻唐继尧在云南的统治后，再前往北京同孙炳文会合，两人一同到国外去学习救国的知识。

　　1921年2月6日，为了推翻唐继尧的统治，朱德联合其他滇军各部的领导发出逼唐离滇的通电。此时的唐继尧见大势已去，不得不离开云南，避居香港。唐继尧走后的第二天，顾品珍来到昆明，接替唐继尧的位置，开始控制云南的军政大权。

朱德看到唐继尧的统治已经被推翻，就提出辞去军职，离开云南，另谋出路。朱德的朋友在听到消息后，再三地挽留，为了给云南一个较为巩固的新政权，为了给百姓一个安定和平的生活，朱德同意留了下来。3月5日，朱德就任云南陆军宪兵司令官。朱德虽然留在了云南，但是他并没有放弃前往国外学习的念头。在云南的日子，只要一有空闲时间，朱德就会去附近的中学学习英语，为自己的出国留学做好准备。

然而，令人意想不到的是，云南政局在1922年3月，又发生一次重大变动。一直图谋称霸云南的唐继尧趁滇军奉孙中山之命北伐的机会，秘密潜回云南，纠集了他在广西的滇军旧部以及滇南的土匪，突然向昆明发动进攻。唐继尧重新回到了昆明，再次掌握了云南军政大权。3月27日，唐继尧对朱德发出通缉，想要逮捕朱德。朱德正是在这种严峻的形势下，不得不离开自己的国家，去国外寻找新的革命出路。

二、柏林的革命活动

朱德到国外的第一站是欧洲的法国。在法国巴黎停留期间，朱德和孙炳文住在一个中国商人的家中。他们听说中国留法学生中已建立了中国共产党的旅法组织，主要组织者是周恩来。当他们打听到周恩来已前往德国的消息后，便乘上驶往德国的火车。

1922年10月22日，朱德和孙炳文到达柏林。他们立刻按照打听来的地址找到了周恩来的住所。当时，朱德和孙炳文来到柏林康德大街周恩来住所的门前，心情既惊喜又兴奋，也有些忐忑不安。因为他们不知道周恩来会不会招待他们。不管怎样，他们还是勇敢地敲了门，这时门开了，迎接他们的是一个英姿焕发、面目清秀、两眼炯炯有神的青年，这个人就是他们要找的人——周恩来。周恩来知道他们前来的原因后，热情地接待了他们。在朱德和周恩来进行了一番谈话后，他恳切地提出自己的要求，希望加入中国共产党，表示一定要好好学习，决心为共产主义事业而奋斗终生。周恩来凝视着朱德那淳厚而朴实的脸庞，用惯有的姿势侧着头，认真地听着他的讲述，不时地点点头。朱德从对方那亲切的目光中，感到了信任和支持。周恩来从朱德描述自己的经历中看出，他确实是一位愿为中国人民的彻底解放而奋斗终生的人，完全可以成为一名无产阶级的先锋战士。于是周恩来接受了朱德的要求，同意介绍他加入中国共产党。后来经过国内党组织的批准，朱德于1922年11月成为中国共产党的正式党员。从此，朱德获得了新的政治生命，走上了为共产主义而奋斗的道路。朱德用他一生的奋斗，实践了1922年向党组织表示的决心：终身为党服务，作军事运动。

但是，在德国，朱德当时遇到的最大困难是语言障碍，这对时年36岁，毫无德文基础的朱德来说，是一种巨大的痛苦。因为语言不通，朱德既不能与当地人交流，也不能阅读德文书籍。面对这种情形，朱德并没有被困难吓倒，而是选择迎难而上。为了革命，为了救国，朱德强制自己坐下来，把主要精力都用在学习德文和德语会话上。朱德学习的方法非常独特，他不是把自己关在房间里死啃书本，而是密切联系实际。朱德买了一张柏林市的地图，请老师做指导，把柏林市地图上的地名，都用中文注上读音和含义。他每天挤出时间，按照交通路线，由近而远，边走边看，边问边学，沿途的重要地点，他都停下来仔细辨认德文招牌，观察德国人的生活习惯。几个月里，朱德几乎走遍了柏林的大街小巷。通过朋友的帮助和自己的努力，朱德很快就能用德语会话，并且能阅读一般的德文书籍了。朱德在柏林等地的学习期间，主要是研究马克思主义的政治经济学、哲学、科学社会主义等学科。同时他还利用业余时间深入研究军事学，买了许多军事理论著作进行学习，他还向一位德国将军学习军事理论，研究第一次世界大战中的一些著名战例，潜心研究世界近代战争中的历史和战法。

1924年3月，朱德进入格奥尔格·奥古斯特大学哲学系学习，专修社会学专业。在留学生中，朱德的年龄最大，待人诚恳，学习刻苦，受到了大家的敬重。除了刻苦学习书本知识和进行党组织的活动之外，朱德还利用假日作了大量的社会调查，理论和实践的结合，使他获益良多。此外，朱德还考察了资本主义制度下的社会情况，使他对资本主义的认识更加具体，认清了资本主义的本质，彻底抛弃了资本主义可以救中国的想法。

1925年5月30日，英国军警对上海抗议日本纱厂资本家枪杀工人领袖顾正红的游行队伍的工人和学生实行屠杀，造成了震惊中外的五卅惨案。帝国主义的残暴行径激起了中国人民的愤慨，各地展开了声势浩大的抗议示威活动。在欧洲大陆，许多国家的人民纷纷举行集会，声援中国人民的正义斗争。五卅惨案的消息传到柏林后，中国留学生群情激奋。朱德通宵达旦地编排了一期《明星》，介绍和揭露了英帝国主义和日本帝国主义屠杀中国人民的滔天罪行。朱德组织中国留学生上街游行、发表演说、散发传单、声援五卅运动。中国留学生的正义行动，得到了德国共产党的全力支持，在他们的机关报《红旗报》上发表文章痛斥英帝国主义。朱德在德国踊跃参加控诉帝国主义和殖民主义的活动时，遭到了柏林当局的非法逮捕，迫于舆论的压力和人民的反对，三天后，柏林当局就悄悄地把朱德等留学生放了。但是，朱德等人的护照却被无理吊销了——柏林当局要把他们驱逐出境。朱德等人在国际红色救济会的帮助下，办好了前往苏联的护照，登上了开往列宁格勒的轮船。

三、莫斯科的学习生活

1925年7月，39岁的朱德，来到了世界上第一个社会主义国家——苏联。他来到列宁格勒，接着又来到莫斯科。苏联人民知道朱德是由于从事革命活动而被德国反动政府驱逐而来的，都以极大的热情来欢迎他。每天到朱德住处来拜访他的人络绎不绝，他也应邀到各种群众集会上去发表演说，愤怒地控诉帝国主义迫害革命人民的罪行。怀着对社会主义新生活的向往，朱德以极大的兴趣参观了博物馆、学校、商店，还深入到工厂、农村去考察获得解放的工农大众的工作、学习和生活情况。他对在列宁、斯大林领导下的苏联人民，在恢复经济、医治战争创伤、巩固苏维埃政权、开展社会主义劳动竞赛等各方面所表现出来的大无畏英雄气概，感到无比的敬佩。

根据中国共产党驻共产国际代表团的决定，把从旅欧总支部先后到达莫斯科的十几个同志编成一个队，由朱德任队长，参加共产国际在东方大学举办的军事训练班学习，校址就在莫斯科郊区的莫洛霍夫卡村。能到世界上第一个社会主义国家来学习军事，这是朱德渴望已久的事，他高高兴兴地跨进了学校的大门。军事训练班当然主要是学习军事，如人民武装、游击战争等。但同时也要学习马克思列宁主义、工农运动、政权建设等课程。教官都是共产国际选派的知名的马克思列宁主义理论家、优秀的工农运动的领导干部、游击战争专家、职业革命家等。由于语言和文字上的障碍，特别是在教学中不能联系中国革命的实际，所以学员们在学习中碰到了不少困难。最使学员们感到头痛的是军事课，这主要是因为大部分学员缺乏这方面的实践经验和专业基础知识。而朱德由于在军事方面有很深的造诣和丰富的实践经验，所以对教官讲的东西领会最深，并且能灵活运用。在学习期间，在苏联教官讲课时，朱德负责军事教程解释工作。有一次，教官在课堂上考问他："你将来回国以后怎么打仗？"朱德立即回答说："部队大有大的打法，小有小的打法"，"打得赢就打，打不赢就走"，"必要时拖队伍上山"。为了帮助同学们学好军事课，朱德还利用课余时间给大家辅导。他经常用通俗易懂的语言，结合中国的实际，深入浅出地讲解中国历史上著名的战例，分析各种战略战术的特点，怎样带兵、用兵，怎样使用各种武器以及如何保护自己、消灭敌人，如何侦查，如何袭击敌人等。学员们都说朱德是实际教官，学习和训练的时间虽然并不太长，可是他们不仅学到了许多新知识，也开阔了眼界。

为了支持北伐战争，中共中央决定从苏联抽调一批军事、政治工作人员回国。5月18日，朱德作为一个共产主义战士，和其他人一起，乘火车离开莫斯科，穿越西伯利亚到海参崴，再坐轮船，重返苦难深重而又正在奋起中的祖国。朱德在国外的生活，使他对于过去的中国革命为什么失败，现在的革命应该如何进行等问题有了新的认识，这种认识使他的人生旅途发生了重大的转变。朱德在后来回忆这段留学学习的日子时说："认识了历史发展的规律，结合其他的研究和经验，我就找到了了解中国历史、过去和现在的一把钥匙。"

第三章　创建红军

朱德在国外，学到了很多军事理论和知识。回国后，他立即投身于轰轰烈烈的大革命。朱德在军事方面的才能，很快得到了证实。他不仅领导了南昌起义，而且还为建立中国新型军队，保存中国的革命火种做出了突出的贡献。在朱德等的带领下，湘南起义部队到达井冈山，同毛泽东领导的秋收起义部队胜利会师。由于党内"左"倾路线的错误，导致第五次反"围剿"的失败，中国红军开始了战略大转移。但是，正是由于以朱毛为首的领导人的聪明才智，才一次又一次使红军跳出了敌人的包围圈，胜利完成了长征。

第一节　忠于革命

一、领导南昌起义

1926年，朱德从苏联回国，投身于轰轰烈烈的大革命中。他首先来到南昌，创办了国民革命军第三军军官教育团，不久，兼任南昌市公安局长。1927年4月12日，蒋介石背叛革命，在上海发动了反革命政变，大肆捕杀共产党人和革命群众。接着，广州、长沙等地的国民党右派纷纷响应。一时间血雨腥风，白色恐怖向全国蔓延。反革命的风暴，很快吹到了南昌。

1927年7月下旬，南昌连续出现高温燥热天气。一场震惊世界的革命风暴就要从这里兴起。在进贤门花园角二号朱德住处的一个房间里，一个身材挺拔、面貌清秀、精力充沛的中年人，正在伏案疾书，连头也顾不上抬一抬。他时而翻阅皮包里的文件，时而又在纸上刷刷地写着什么。从早到晚，忘记了吃，忘记了喝，忙得他的衣服都被汗水湿透了。这个人便是党中央派来领导南昌起义的前敌委员会书记周恩来。按照前敌委员会的决定，起义的时间定在8月1日凌晨一点钟，距离这个时刻已经很近了。朱德默默地坐在椅子上，望着周恩来智慧的面孔，心里充满了敬佩。几天来，根据朱德提供的大量情报，前敌委员会对敌情和南昌周围的地形和通道已经了如指掌。起义的各项准备工作按预定计划已基本就绪，各起义部队也都有了明确的分工。朱德这些天来也更加忙碌，他一方面要和周恩来、刘伯承等商议发动起义的具体事宜，另一方面还要和刚刚进入南昌的贺龙、叶挺等秘密接头。有时还要巧妙地去应付滇军上层人士和国民党反动当局，朱德要在不同的场合扮演不同的角色，而且要演得生动逼真，这对于他来说，是一件不太容易的工作，一旦有所差错，就会影响起义。朱德依靠自己的聪颖和机敏，很好地完成了自己的任务。

前敌委员会经过反复地研究，决定分配给朱德一项重大的任务，要他利用自己的特殊身份和声望，在起义开始时想办法麻痹和牵制住敌人的指挥官。朱德部署好军官教育团和南昌市公安局参加起义的准备工作后，为了完成这一特殊的任务，在7月31日，邀请国民党第三军在南昌的两个团的团长和团副参加宴会。这两个团是国民党第三军的主力，也是起义军的劲敌。如果在起义前把这两个团的指挥官拖住，使其失去指挥，必将大大有利于起义军。朱德凭着他在滇军中的威望向二十三团团长卢泽明和二十四团团长萧日文等发出邀请，希望他们带着团副一起来赴宴。卢泽明和萧日文等几人拿到请贴，一看是朱德的邀请，有点儿受宠若惊。当天晚上，他们都满面春风、飘飘然地赶来赴会了。朱德以一副雍容大度、消闲自若的神态，将客人们迎入宴会大厅。大厅里，灯火通明，乐声悠扬，一张铺着雪白台布的圆桌上，摆满了各种山珍海味。宾主落座后，朱德兴致勃勃地举杯祝酒。筵席上，觥筹交错，宾主间猜拳行令，谈笑风生，双方你来我往，越喝兴致越浓。宴会从晚6点一直进行到9点，各个反动军官已经是酒醉近饱了。朱德又邀请客人们到院子里边打麻将边乘凉。朱德为了为起义争取更多的时间，稳住这几位客人，故意输给他们不少钱，使得客人们越打越不肯撒手了。然而，这三个人万万没有想到此时此刻，在院子的外面，一场真枪实弹的战斗正在加紧准备着。城里已经戒严，起义军总指挥部准备下达起义的命令。埋伏在各个指定地点的起义军战士都已经准备就绪。大约在10点钟左右，突然有个滇军的副营长风风火火地跑进来，上气不接下气地向客人们报告说，他已经接到命令，要他立即解除自己所辖地区里的滇军武装，他不知道这件事该怎么办。这突如其来的消息使院子里的空气骤然紧张起来。这时，朱德的心里突然一紧，哈哈大笑起来，想尽力不使众人受这些流言蜚语的干扰。但是，反动军官们再也无心坐下来继续打牌了。朱德静静地思索了一下，只能悉听尊便。

当客人们消失在大门外阴影里的时候，朱德立即换上军服，旋风般地跃出大门，向起义军总指挥部奔去。他向总指挥部报告：起义的消息已经泄露，不能再等了。午夜11时，南昌城里突然枪声大作，杀声四起，起义开始了。起义军战士从各个地区向酣睡中的敌人发起猛烈的攻击。在这样猛烈的攻击下，国民党两个主力团出现一片混乱，很快地就被起义军消灭了。接着，朱德带领军官教育团的学员们和部分警察，也投入了搜索敌人的战斗。经过四个多小时的激战，城里的枪声才渐渐地稀疏下来。人们透过窗户，远远地望见起义军总指挥部所在地的江西大旅社的楼顶上，有一面鲜艳的红旗，在清凉的晨风中飘动，它象征着南昌起义的胜利，象征着人民军队的诞生。

由周恩来、朱德、贺龙、叶挺、刘伯承等领导的具有伟大历史意义的南昌起义胜利了。从此，中国共产党走上了武装斗争的道路。南昌起义打响了武装反抗国民党反动统治的第一枪，是中国共产党首次独立地领导战争和创立军队，标志着以武装斗争的形式反对国民政府的开始。朱德后来对这次起义作了很高的评价："它明确地指出了中国革命的政治方向，它是共产党独立领导革命和独立领导革命武装斗争的开始。"

二、保存革命火种

尽管南昌起义取得了成功，但是这并不意味着前进的道路将一帆风顺，相反，前进的道路充满着各种风险，这些风险对每一个革命者来说，都是一种考验。起义军按原定计划撤出南昌，南下东江，打算重建革命根据地，再次北伐。浩浩荡荡的起义大军向汀州开进。在前进中，起义大军在三河坝进行了分兵，三河坝分兵的决策使得兵力显得日益不足和更加分散。第一路由周恩来、贺龙、叶挺、刘伯承等率领，这一部队乘坐粤闽边境的大船，顺着韩江而下，直向潮汕进发；第二路由朱德和周士第率第二十五师约四千人留守三河坝，以防敌军从梅县抄袭主力部队进军潮汕的后路。第二十五师的来源是以叶挺独立团为基干扩编而成的，无论部队的战斗力，还是党的力量，在南昌起义军中都属最强。所以，把坚守三河坝，抗击钱大钧部的任务交给了他们。

1927年10月1日，朱德带着周士第和党代表李硕勋，察看了三河坝一带的地形和第二十五师的具体情况。第二天的午后，在江岸边的竹林旁，朱德召集全师的军官讲话。朱德讲道："同志们，你们个个都是顶天立地的男子汉，你们二十五师有着叶挺独立团的光荣传统。今天，我们都要下定决心，坚守住三河坝。要保持'铁军'的荣誉，要发扬汀泗桥战斗、贺胜桥战斗的勇敢精神，要发扬会昌战斗中奋勇杀敌的精神，就一定能够战胜敌人！"朱德的讲话，博得大家一阵阵掌声，振奋了大家抗敌的勇气。

时任国民党第八路军右路总指挥的钱大钧仗着他已补充好了的三个师，对起义部队发动了一次又一次的进攻。经过三天三夜的顽强阻击，起义军给敌人以重创，而且掩护主力进军潮汕的任务也已经完成。战斗中，起义军为了保存实力，立即撤出战斗，与主力部队会合。在这时，起义军主力已被打散，许多起义军的领导人被迫离开部队转入了地下，大家把希望全寄托在朱德身上。为了挽救这支南昌起义幸存下来的孤军，为了保存革命的火种。1927年10月7日，在茂芝，朱德召集全体军官召开会议。在这次会议上，全体军官都纷纷表示支持由朱德来领导部队。朱德建议部队去敌人力量薄弱群众基础较好的湘、赣边界找自己的落脚点，去那里开展游击战，与敌人进行周旋。在行军路上，朱德用他的勇敢和智慧，指挥部队杀出了一条生路，经过一次又一次的考验，起义部队的战士对朱德的智勇双全由衷赞叹，钦佩之情油然而生。

朱德率领的起义军在石径岭战斗后，摆脱了国民党军队的追击，继续西进，直指赣南山区。在10月下旬，起义军部队来到江西安远县的天心圩。一天傍晚，朱德传下命令，要全体军官在河坝子里集合开会。开会最初时，没有人发言，只有朱德一人向大家讲述了中国革命发展的方向。朱德对中国未来充满了美好的向往，慷慨激昂的讲述使得沉闷许久的起义军军官活跃了起来，安静的会议变得热闹了起来。这次大会，起义部队的士气开始高涨起来，部队的军官更加团结了。

为了中国革命的胜利，朱德率领的起义军，开始了革命的征途。他们从安远前往信丰，在路上遇到了前来接头的同志。在同接头人的谈话中，朱德了解到在井冈山地区，毛泽东已经率领部队取得了秋收起义的胜利。并且朱德还了解到敌军在信丰没有正规的部队，仅仅有一些地主民团。当朱德率领的起义军赶到信丰时，居然没放一枪一弹，就轻而易举地攻进了城。但是，经过长途征战，起义军饥寒交迫，疲惫不堪，再加上在路上没有进行过统一编制，所以导致了部队出现管理不严，纪律松弛的现象。这种状况导致起义军中出现了的个别不良分子鼓动战士抢老百姓财物的事件。当朱德得知此事后，立即派人去处理，直至老百姓真心实意地接受了起义部队为止。朱德的这一做法使得军民之间的感情变得更深厚，甚至一些百姓心甘情愿地拿出自己的粮食来支持部队。但是，起义军没有接受百姓的一分一厘，而是更加尽心尽力地为百姓服务。

第二节　井冈山会师

一、领导湘南起义

湘南起义，是中国共产党早期领导的几次重大的武装起义之一。它给井冈山根据地带去了大批的革命干部与红军战士，为巩固和壮大井冈山根据地做出了不可磨灭的贡献。同时，湘南起义还把武装斗争与土地革命、政权建设结合在一起，为探索中国革命的正确道路，提供了宝贵的经验。朱德、陈毅领导的湘南起义，是在八七会议精神的指引下，认真地吸取了南昌起义、秋收起义、广州起义的经验教训，充分利用当时驻扎在江西、湖南、广东的军阀之间进行混战的有利时机，在农民运动基础较好的湘南大地发动的。

南昌起义后，朱德以无产阶级革命家的胆识挺身而出，率领一部分起义军，继续在中国的大地上发展革命力量。

1928年1月初，朱德率领部队在广东乳源县的杨家寨子做短暂休整，目的是通过杨家寨子，进入湘南境内，在湘南发展革命力量。在杨家寨子，中共宜章县委书记胡世俭详细地向朱德、陈毅等领导同志汇报了当地敌人的具体情况。朱德和全体指战员集思广益，群策群力。在认真总结和归纳大家提出的想法基础之上，朱德提出了一个智取计划。其计划内容是：利用出身豪门的胡少海在参加革命后，身份尚未在宜章当地暴露的有利条件，由他以国民革命军第十六军一四零团团副的名义，带领一支精明强干的部队率先进驻宜章，然后发出布告——为保护乡里，安定百姓，本军奉范军长的命令驻防宜章，希望各界各安其业。这样就稳住了宜章有势力的反动头目，使他们丧失了戒备之心。胡少海在取得当地反动官绅信任后，主动请当地所有反动头目赴宴，从而一网打尽宜章的反动头目。1928年1月11日，胡少海按照原定计划，带领先遣部队在地方官绅的迎候下，浩浩荡荡地开进了宜章县城。随后，红军战士全部换下了团防局的哨兵，这样红军战士就控制了宜章县城的交通要道，掌控了宜章县城的局面。当胡少海提出要宴请父老乡亲时，当地豪绅却争着要尽"地主之谊"为胡少海等"接风洗尘"。1月12日下午4时，宜章县城的反动头目在县参议会的明伦堂里举行宴会，宴请"回归家乡"的胡少海，朱德也扮作宴请的人员参加了宴会。酒过三巡，一个跑堂的进入大厅长叫了一声"鱼来啦！"——这是朱德和胡少海约定好的暗号。朱德见时机已到，突然起身，把杯子掷到地上。听到响声后，随朱德前来的卫士立刻行动，把枪口对着那些反动头目。在这个时候，朱德大声宣布："我们是中国工农革命军。你们这些贪官污吏、土豪劣绅，作威作福，糟蹋乡里，反对革命，屠杀工农，十恶不赦，是劳苦大众的罪人。现在把你们统统抓起来，听候公审！"①当地官绅们见此情形，一个个瞠目结舌，吓破了胆。几乎在同一时间，陈毅指挥部队以迅雷不及掩耳之势，解决了宜章县城内的团防局和警察局等反动势力，随即从监狱里放出了被捕的革命者和无辜群众。打开粮仓，把粮食分给穷苦工农。顷刻间，宜章城里一片欢腾，人民群众奔走欢呼"暴

---

① 金冲及：《朱德传》，人民出版社、中央文献出版社1993年版，第104页。

动了"、"胜利了"。这次行动宣告了智取宜章县城的胜利。由此，揭开了湘南暴动的序幕。

宜章起义胜利后，朱德领导工农革命军又取得了坪石大捷的胜利，这次战役轰动了整个湘南，起义军迅速发展，并取得了辉煌战果，开创了以少胜多的典型战例。春节刚过，拥护农民运动的湘南各地群众由于受到地主阶级残酷的压迫，革命热情高涨，人民群众迫切要求改变自己的现状。他们在当地党组织的领导下，纷纷起义，反对地主阶级的残酷压迫，整个湘南大地处处点燃了武装斗争的烈火。黄克诚等在永兴举行了起义，其他共产党人在资兴、桂阳等县也举行了起义。朱德在郴州与永兴交界处的地方，遇到了永兴县部分农民武装去永兴支援起义，立即支援了这些起义农民56支步枪。

从宜章起义揭开湘南暴动的序幕，到朱德率领起义部队，同毛泽东领导的部队实现会师，历时三个多月。在这段时间里，朱德率领起义部队以武装起义的形式，建立了宜章、郴县等多个县的苏维埃政府；组建了新的军团，增强了起义军的力量；开展了轰轰烈烈的土地运动，赢得了人民群众的强烈支持。这次革命风暴影响广泛，它在二十几个县发生，约有一百万以上的人参加，是一次规模庞大，人数众多，持续时间较长的农民武装起义。

二、朱毛胜利会师

井冈山是矗立在中国人民心中的一座永恒的精神丰碑。谈起井冈山的火红革命年代，人们都会想起朱毛在井冈山的成功会师。湘南起义后不久，国内的政治局势发生了重大变化。朱德分析了当时的革命形势和湖南发展革命的条件，当机立断，作出退出湘南、上井冈山的重要决策，有效地保存了工农革命军的有生力量，避免了在不利的条件下同敌人决战。同时，决定留下部分地方武装继续在湘南坚持斗争，掩护主力部队撤出湘南。主力部队遵照中共中央的指示，向井冈山地区进行转移，最终要同毛泽东实现会师。

在此之前，朱德领导的起义部队与毛泽东率领的秋收起义部队就建立了联系。所以，朱德能够作出上井冈山，与毛泽东率领的秋收起义部队会师，并实现武装割据的重要决策。1927年10月底，当朱德、陈毅领导的部队到达信丰时，就第一次听到毛泽东率领秋收起义部队开始上井冈山的消息。11月中旬，朱德、陈毅率领的起义部队在江西崇义山区休整时，偶然从敌人的报纸上看到了毛泽东在井冈山建立了革命根据地的消息。

朱德、陈毅看到这个消息，非常高兴。1927年12月，朱德从何长工那里详细地了解了井冈山区的地理位置、地形条件、物质供应、群众基础和军队情况等方面的情况后，非常高兴，怀着激动的心情说："我们跑来跑去就是要找一个落脚的地方。我们已经派毛泽覃去找毛润之了，如果不发生意外，估计已经到了"。①朱德强调这两支部队要集中起来，发挥更大的力量，可以有效地打击敌人。

1928年3月，为了迎接朱德、陈毅部队上山，毛泽东分兵两路进行迎接工作。为了及时地同朱德、陈毅领导的部队取得联系，毛泽东还派毛泽覃带着一个特务连率先赶到郴州，积极准备做好两军的会合工作。3月29日，朱德率领的部队经过认真筹备，做好了转移前的各项工作，在耒阳鳌山庙准备出发。在毛泽覃带领的特务连接应下，朱德率领的工农革命军第一师和新成立的第四师以及宋乔生领导的水口山工人武装一起行动，向井冈山革命根据地转移。这个时候，陈毅接到了朱德派人送来的关于向井冈山转移的通知，他便马上组织上井冈山会合的准备工作。4月2日，宜章县的工农革命军第三师到达郴

---

① 萧克：《南昌起义》，人民出版社1979年版，第90页。

州，与郴州的工农革命军第七师会合，会合的两军共有七千多人，壮大了工农革命军的武装力量。陈毅率领宜章的第三师和郴州的第七师，经过长途跋涉，于4月8日到达资兴县城。他们在资兴县，同从井冈山下来接应他们的工农革命军第一师第二团会合。

获悉湘南起义军向湘赣边界转移的消息后，毛泽东立即决定带领部队向汝城进军，转移敌人的注意力，为湘南起义军转移进行支援。4月中旬，毛泽东率领的部队到达资兴县的龙溪洞，在这里他同萧克领导的宜章独立营会合。4月中旬，陈毅率领的部队以及何长工、袁文才、王佐带领的工农革命军第一师第二团赶到到会合地点，与朱德率领的主力部队汇合。随后，何长工与朱德进行了会面，朱德非常关切地询问了毛泽东的情况。随后，何长工率领工农革命军第一师第二团回到了宁冈，在那里准备好房子、粮食等后勤物品，迎接朱德率领的湘南起义军。

朱德、陈毅率领的部队行军到达井冈山下的宁冈砻市后，住在了当地的龙江书院。4月下旬，毛泽东率领部队返回砻市后，顾不上征途的劳顿，立即向朱德、陈毅所住的龙江书院走去。"这时，朱德的年龄是42岁，毛泽东的年龄是34岁，开始了他们长时期的亲密合作生涯。"①当正在休整的朱德听说毛泽东要来，他赶忙与陈毅等主要领导前去迎接。朱德看见毛泽东快走近书院时，他就抢先几步迎上去，毛泽东也早早把手伸出来，毛泽东与朱德的两只有力的大手就热烈地握在一起了，这一场景令在场的其他同志也都感动不已。"毛泽东同朱德这次历史性会面，是我党我军历史上的光辉一页，从此，毛泽东和朱德的名字便紧紧地联系在一起。"②"朱毛"就这样正式形成了。两军会师后，毛泽东、朱德等领导同志召开了两支部队的连以上干部会议，经过大家的一致商议，会议通过了工农革命军第四军成立的各项事宜。在中国共产党工农革命军第四军第一次代表大会上，毛泽东当选为党代表，朱德任军长。

井冈山会师，使毛泽东、朱德率领的两支有战斗力的部队组合在一起，加强了团结，提高了部队的战斗力，大大增强了井冈山革命根据地的力量，为红军的创建和发展以及对井冈山革命根据地的武装割据具有重大的意义。

---

① 金冲及：《朱德传》，人民出版社、中央文献出版社1993年版，第129页。

② 何长工：《何长工回忆录》，解放军出版社1987年版，第143页。

三、朱德扁担的故事

朱德的扁担是1928年朱德在井冈山挑粮时用过的扁担。然而，这是一根有着不同寻常意义的扁担。朱德扁担的故事，是一个家喻户晓的故事，它一直被人们传颂着，教育和鼓舞了一代又一代中华儿女。

1928年4月，朱德、陈毅率领湘南起义的队伍与毛泽东率领的秋收起义的部队在井冈山革命根据地胜利会师后不久，就遭到了国民党反动军队的围攻。为了达到消灭井冈山革命根据地中国工农红军的目的，国民党反动军队调集了大量部队"围剿"中国工农红军。在军事进攻的同时，国民党反动军队还妄图以经济封锁的手段，切断井冈山根据地的粮食供应，把红军战士们都饿死、冻死、困死。全体红军战士为了打破敌人的军事进攻和经济封锁，积极响应毛泽东和朱德自力更生，艰苦奋斗，坚持斗争的号召，一边进行战斗训练，一边储备足够的食物。

井冈山革命根据地地处湖南省与江西省交界的罗霄山脉中段。井冈山林木繁茂，高山沟壑，周围五百里都是崇山峻岭，地势险要。由于湘赣两省国民党反动军队对井冈山根据地实行严密的军事和经济封锁，根据地军民的生活非常困难，生活所需的基本物资奇缺。红军指战员一日三餐大多是糙米饭、南瓜汤，有时还吃野菜。红军战士由于没有充足的营养供应，许多战士都面黄肌瘦。冬天马上就要到了，广大的战士们还是穿着单衣。红军指战员为了克服粮食危机，满足生活的基本需要，积极发动群众送粮上山。另外，广大战士们还自己下山挑粮，以便储存更多的粮食，做好长期抵抗国民党封锁的准备。

为此，红四军司令部发起了下山挑粮运动。在那段艰苦的日子里，朱德以身作则，经常随着队伍去挑粮。挑粮途中，路途险峻、十分难走，但朱德的两只箩筐始终装得满满的。朱德不怕辛苦，头戴斗笠，走起路来稳健利落，即使是身强体壮的年轻小伙子也经常跟不上他。看到朱德的干劲儿，挑粮的战士们都非常敬佩朱德，但又非常地心疼他。一个超过40岁的老战士，日日夜夜地为革命事业辛苦操劳，还要和其他年轻战士一样，每天往返50公里，翻山越岭地去挑粮，累坏了身体怎么办？战士们都劝朱德不要挑了。朱德感谢了战士们的关心，仍然坚持和大家一起挑粮。战士们见劝说不起作用，就商量把朱德的扁担藏起来，以为这样朱德就不用再挑粮了。为了红军战士可以有更多的粮食，朱德让自己的警卫员从当地百姓那儿买了一根毛竹，自己亲自动手，连夜做好扁担。为防止战士们再藏他的扁担，朱德在扁担做好以后，在上面刻了"朱德记"三个大字。第二天，天还没有亮，挑粮的队伍又出发了，朱德与战士们同甘共苦，患难与共，仍然走在战士们中间。大家看见朱德自己动手制作了一根新扁担，崇敬之情油然而生，大家的干劲儿更足了。从此，朱德扁担的故事就像长了翅膀一样，迅速地传遍了整个井冈山革命根据地。井冈山根据地的军民为了纪念朱德身先士卒、与战士同甘共苦的精神，专门编了一首歌赞颂他："朱德挑谷上坳，粮食绝对可靠，大家齐心协力，粉碎敌人'围剿'"。朱德清正廉洁、艰苦奋斗的情怀和高尚的道德情操永远地激励着人们。

第三节　万里长征

一、进军赣南闽西

1928年12月11日，彭德怀、滕代远率领平江起义后组成的红五军的五个大队战胜了路途上的艰难险阻，最终到达井冈山革命根据地，实现与红四军的会合。这样，井冈山革命根据地的人民武装力量得到了不断发展壮大。1929年1月4日，中共红四军前委召开了有"红四军军委、红五军军委、湘赣边界特委、各地方党组织以及红四军、红五军代表共六十人参加的联席会议。"①为了更加灵活快捷地指挥部队，以应对湘赣两省国民党反动军队的第三次"围剿"，会议决定：将红五军改编为红四军第三十三团，由彭德怀任红四军副军长兼第三十三团团长。同时，红四军的一些富有作战经验的领导干部，被派遣到原红五军的部队中，充实和提高红五军部队的战斗力。为了配合红四军去赣南开展工作，井冈山革命根据地从各县抽调了一批富有地方工作经验的干部，随红四军南下，在赣南发动人民群众，建立革命根据地，发展革命力量。

1929年1月14日，毛泽东、朱德率领红四军直属部队和第二十八团、三十一团，从井冈山根据地出发，开展出击赣南的军事行动。国民党反动军队得知红四军出动的消息后，马上抽调出四个旅的兵力，一路进行围追堵截，并尾追红军南下，企图消灭红四军的革命力量。

在进军途中，红四军以党代表毛泽东、军长朱德的名义发

---

① 金冲及：《朱德传》，人民出版社、中央文献出版社1993年版，第154页。

布了《红军第四军司令部布告》（以下简称《布告》），阐述了红军的宗旨和中国共产党的主张。同时。还颁布了《共产党宣言》，揭示了社会发展的历史趋势，指出共产主义社会代替资本主义社会的必然性，强调了工人阶级的重要作用，号召人民群众行动起来，推翻腐败不堪的旧社会。中国共产党根据第六次全国代表大会的精神，系统地总结第一次国内革命的经验教训，提出十大政纲，明确了新时期革命的性质和任务。红四军的《布告》和《共产党宣言》阐明了当时中国革命的性质是反帝反封建的爱国运动，指出红军是人民的军队，号召广大劳苦群众团结起来，推翻帝国主义、封建主义和官僚资本主义的压迫，为建立苏维埃政权而努力奋斗。

红四军主力开始的行动是比较顺利的，主力部队在短暂停留两三天后，国民党反动军队清醒过来，认识到红四军主力的行军方向。1929年1月25日，国民党反动军队对红四军发动猛烈进攻。由于红四军在当地没有建立良好的群众基础，事前也没有侦查到敌人的进攻，红四军慌忙应战，最后导致了此次战斗的失败。战斗结束后，红四军分析了敌我两军的态势，做出了撤出大余的决定，转而向广东南雄县境的乌迳出发。红四军在行进乌迳途中，碰到了一次危险。朱德果断地做出决定，部队向江西折回。旅途劳顿的红四军在江西信丰休息了一晚，就又开始匆忙行军。红四军进入赣粤闽边界后，在项山的一个村庄宿营，又遭遇了国民党反动军队的袭扰。朱德和红军战士同呼吸、共患难，一起在寒冷刺骨的水中过河。最后，红四军历经千辛万苦，冒着大雪翻越了几座大山，终于脱离了险境，到达了闽粤赣三省交界的罗福嶂。罗福嶂地势险要，有一夫当关、万夫莫开的气势，只要堵住路口，就可以抵挡得住敌人的千军万马。

红四军主力在从大余到罗福嶂的日子里，处于被动局面，一直遭到了国民党反动军队的围追堵截。红四军前委根据当时的情况，拟定了新的作战目标：离开罗福嶂，北上会昌。后来红四军得到消息，国民党反动军队正在那里集结待命，准备以逸待劳，袭击红四军。为了避免与敌人的正面战斗，保存红四军的有生力量，朱德便立即率领红四军向福建武平前进。朱德回忆道："后面追赶的敌人以为我们过福建去了。他们也犹豫，因为他们跑得也很疲乏。谁知我们拐了一个弯，一下又折回头，插到江西瑞金。他们打下了瑞金城，很快又撤出瑞金。在城外，红军第二十八团被优势敌人严密围住，局势十分危急。"在朱德的正确领导下，红军第二十八团运用了正确的战略战术，发扬不怕吃苦的精神，终于冲出了国民党反动军队的包围圈，实现与红军三十一团的会合。两军会合后，国民党反动军队继续紧随在红军部队的后面，红军部队准备在瑞金城北20里的地方伏击国民党的反动军队。国民党反动军队始终对红军紧追不放，与红军仅差一天路程。这时正值农历除夕之夜，广大红军指战员为了打击追敌，扭转长期的被动局面，发动了对敌人的包围歼灭战。朱德在这次战役中，鼓励红四军战士："同志们，坚决把敌人打回去！没有子弹，就是用枪托砸，用石头打，决不让敌人跑掉！"[①]这次战役是红四军自从下井冈山以来，取得的最大胜利，是红军以少胜多的一个成功范例，此后红四军士气大振，全体战士斗志昂扬。

闽西是福建省建立党组织较早的地区。红四军转战赣南时，曾进入福建境内。中共福建省委考虑到红军战士转战千里，没有时间进行休整，尤其是长时间行军的情况，认为红军回湘赣或去广东是有困难的，建议红军开到闽西地区进行休整，及时地补充弹药和后勤物资。鉴于此，毛泽东、朱德率领红四军向闽西进军。1929年3月11日夜，红四军进入福建长汀

① 李新芝、谭晓萍：《朱德纪事》（上），中央文献出版社2011年版，第221页。

县境内，第二天到达四都。长汀是闽赣边境上的重镇，汀州交通便利，地理位置重要。汀州也是闽西的物资集散地，商业和手工业比较发达，是官商云集且较为富庶的城市。红四军在长汀地区，广泛地发动人民群众，没收地主的土地和粮食等物资，分发给当地贫苦人民。这些举措赢得了当地人民群众的热烈拥护，这样就建立起了比较好的群众基础。红军前委对红四军开展了整编工作，将原来的团改为纵队。全军编为三个纵队，这种新的组织形式使部队分散和集中都比较方便，适应了革命新形势的需要，便于开展游击战争，壮大革命力量。3月20日，毛泽东主持召开前委扩大会议。会上，提出了红四军的行动方针，主张用工农武装割据的思想，指导红军战士开创出包括赣西南和闽西在内的中央革命根据地。

1930年，蒋介石与桂系的李宗仁、白崇禧矛盾激化，最终爆发了战争。蒋介石紧急调集他在江西的部队，加强力量与桂系争夺湖南，这样就造成了赣南地区国民党军兵力的空虚。针对出现的新情况，毛泽东、朱德率领红四军全体战士于4月1日离开长汀，返回赣南，积极在赣南的瑞金发展革命力量。彭德怀、滕代远率领部队于4月2日回到瑞金，与红四军会合。由于蒋桂战争爆发，瑞金周围也没有敌情，会合后的部队得以有时间进行休整。前委于4月3日在江西的瑞金接到了中共中央在2月7日发出的《中央二月来信》。由于中共中央对红四军的情况不了解，同时受到了共产国际的影响，因而对红军的作战方针提出了错误的主张。毛泽东、朱德认真研究了来信内容，认为这封信的精神是不符合实际的，是脱离中国国情的。所以，毛泽东和朱德摒弃了"二月来信"的错误主张，在详细分析南方数省的具体情况后，提出了新的主张，即放手发动人民群众，发展红军的军事实力，创造新的革命根据地，巩固革命根据地的区域，夺取江西进而促进全国革命高潮的到来。

5月中旬，战场形势发生了重大变化。桂系在与蒋介石争夺两湖的战争中，以失败而告终，桂系被迫退回了广西。国民党反动军队乘机抽出兵力，集中力量进攻日益发展的红军革命根据地。这时，毛泽东、朱德接到了闽西特委书记邓子恢送来的《闽西历年斗争与敌我情况》的书面报告。该报告详细介绍了闽西革命形势的新变化，敌人兵力空虚，而革命群众斗争积极性高涨，希望红军能够返回闽西。红军前委召开了扩大会议，着重讨论了当时的革命形势和我军下一步的行动方案，做出了开创闽西革命新局面的重大决策。

闽西特委书记邓子恢收收到了毛泽东和朱德的回信后，便召开了紧急会议，研究部署龙岩、上杭、永定等地发动农民武装起义，对毛泽东、朱德率领的红军在闽西的军事行动进行有力的配合。5月23日，毛泽东、朱德率领的红军发起了攻占龙岩城的斗争。整个战斗很快结束，红军战士在不到两个小时的时间里就占领了龙岩城。这次战斗取得了重大胜利，俘虏了包括敌人营长在内的324人，缴获大量作战物资。毛泽东、朱德率领的红军没有在龙岩停留，而是继续奔袭敌人的总兵站永定城。5月25日，红军在地方武装的积极配合下，占领了永定城。5月26日，毛泽东、朱德先后在永定城召开的万人祝捷大会上讲话，会上宣布成立闽西第二个红色政权——永定县革命委员会，这一决定得到了广大人民群众的热烈支持。

当毛泽东、朱德带领红军控制永定后，国民党反动军队于5月25日又返回了龙岩。毛泽东、朱德带领红军发扬连续作战的精神，又夺下了龙岩。控制龙岩后，毛泽东、朱德等主持并参加了闽西党的第一次代表大会。红四军军长朱德、党代表毛泽东和政治部主任陈毅联名发布《红军第四军司令部、政治部布告》，宣布："从今年起，田地归耕种的农民所有"。①广

---

① 金冲及：《朱德传》，人民出版社、中央文献出版社1993年版，第174页。

大贫苦的人民群众分到土地后，热烈拥护中国共产党的领导，革命和生产积极性高涨，积极参军保卫革命的胜利果实，进一步巩固和发展了闽西革命根据地。朱德和毛泽东自率领红四军下井冈山以来，在短短的半年时间内，就开辟了赣南、闽西两大革命根据地，用铁的事实证明了工农武装割据、农村包围城市、最后夺取全国胜利的道路，才是中国革命唯一正确的道路。

二、参加古田会议

古田会议是中共在闽西根据地召开的一次重要会议。古田会议的召开对红军的发展和革命根据地的建设有着重要的意义。1929年11月初，红四军主力军途经赣南，回师闽西。18日，红四军前委在上杭官庄召开了会议。在会上，陈毅向大家传达了中央"九月来信"的内容和周恩来的指示。这次大会的精神给红四军的全体指战员以很大的鼓舞和教育。朱德表示坚决拥护党中央的指示，欢迎毛泽东回前委主持工作。

毛泽东在未完全恢复身体健康的条件下，遵照中共中央的指示精神，于11月26日出发，准备去与红四军会合。28日，毛泽东主持召开了前委扩大会议，深入检查了红军的战斗情况，决定对处于松懈的红军战士开展整顿和训练。另外，这次扩大会议根据"九月来信"精神和周恩来的指示精神，决定召开红四军的第九次代表大会，以加强党对红四军的领导，纠正党内的各种错误倾向，使红四军的发展走上健康的轨道。当时，闽西革命根据地有80万人民群众支持红军，帮助红军。只要红军战士加紧整顿和训练工作，完全执行党的政策，就一定可以打破敌人的"围剿"。

为了开好红四军的第九次代表大会，毛泽东和朱德、陈毅紧密配合，立刻着手开展会议的准备工作。12月23日，毛泽东、朱德率领红四军进驻连城县的新泉。他们在新泉对红四军全体指战员进行了为期10天的政治、军事整训。毛泽东负责对党内的情况进行实地调查，为红四军的"九大"提供了丰富详实的材料。朱德负责对红四军的广大指战员进行军事整训工作，为红四军"九大"的召开和中国革命的发展提供军事力量。朱德克服了物质短缺、师资短缺等方面的困难，经过自己的努力，举办了基层军事干部训练班，充实了红军基层干部的力量。另外，朱德还亲自给广大指战员上课，给大家讲授军事理论知识和世界上的经典战例，组织大家积极开展军事技术训练和战术训练。为了克服红四军内的各种错误倾向、建立纪律严明的部队、提高部队战斗力，朱德还主持制订了红军的各种条例、条令等法规，这样也直接为红四军"九大"顺利召开创造了有利的条件。

1929年12月28日，红四军的第九次代表大会在古田镇的曙光小学顺利召开。会议的议程有："大会秘书长陈毅主持会议，毛泽东代表前委在会上作了关于红四军第九次代表大会决议案的报告，朱德作了军事报告，陈毅传达了中央'九月来信'。"①这次会议的主要内容有：着重从思想上建党，保证党对军队的绝对领导，重视和加强思想政治工作，坚持军队政治工作三大原则。代表们热烈地讨论了中央"九月来信"和会议的主要内容，共同总结了经验教训。

最后，大会一致通过《中国共产党红军第四军第九次代表大会决议案》（以下简称《决议》）。《决议》规定了红军的性质、宗旨和任务，肯定了党对红军的领导原则，强调进行马克思主义和党的正确路线教育，确立了红军处理军内、军民、军政关系和瓦解敌军的原则，重申红军必须遵守三大纪律和各项注意的规定。这次代表大会选举出新的前委，毛泽东、

---

① 金冲及：《朱德传》，人民出版社、中央文献出版社1993年版，第190页。

朱德、陈毅、罗荣桓、谭震林等11人为正式委员，毛泽东为前委书记。红四军第九次代表大会能够产生决议，原因是多方面的。主要由于党中央的正确指导，毛泽东对红四军建军经验的深刻总结，朱德军事训练的巨大成果以及吸取了红四军"七大"以来的经验教训。

在古田会议决议精神的指导下，红四军不但消除了内部的意见分歧，还高度统一了思想。红四军第九次代表大会的决议，即人们常说的"古田会议决议"。《决议》总结了红军创建以来军队建设的经验教训，确立了中国共产党领导下的人民军队建设的根本原则，是党和红军建设的纲领性文献。《决议》的贯彻执行，为中国人民解放军政治工作奠定了基础，使中国共产党领导的军队成了一支新型的人民军队。

三、拥护正确领导

中共六大结束后，全国革命出现了复兴局面。1930年上半年，赣南、闽西农村革命根据地迅速发展，毛泽东、朱德领导的红军队伍也再不断壮大。与此同时，湘鄂西、鄂豫皖、闽浙赣、湘鄂赣、湘赣、广西的左右江、广东的东江和海南的琼崖等革命根据地和当地的红军武装都有了一定程度的发展。全国已建立起十几块革命根据地，红军队伍发展到了十万人左右。全国的革命形势呈现出良好的发展势头。中央苏区军民在毛泽东、朱德等人的正确领导下，先后粉碎了敌人的四次"围剿"。

在全国革命形势继续发展的情况下，中国共产党内部存在的"左"倾教条主义发展起来了，同时受到了共产国际错误的影响，直接导致了中央苏区第五次反"围剿"的失败。1934年10月10日傍晚，中央苏区的瑞金被苍茫的暮色笼罩着，失败的情绪笼罩在战士们的心中，红军被迫进行了二万五千里的长征。朱德率领中央红军，爬雪山、过草地、穿过荒无人烟的无人区、突破敌人一道又一道的封锁线。长征初期，国民党反动军队一直围追堵截红军，使红军处于被动地位。为了扭转这种局面，中央红军临时召开会议，会议决定中央红军各军团迅速摆脱敌人的追击，进入贵州，再寻找机会歼灭敌人。红军的战略变动——进入贵州，把十几万的敌军甩在湘西，给国民党以措手不及的打击，这样使得红军赢得了战场的主动权。红军在10月15日攻占黎平后，得到较长时间的休整机会。但是，此时的红军并没有从根本上解决红军战略进攻方向错误的问题。博古、李德不了解国民党反动军队部署重兵在湘西的实际情况，依然主张中央红军去湘西同红二、六军团会合。18日，中共中央政治局召开会议，讨论红军进军的战略方向问题。在会上，朱德非常赞成毛泽东的意见，红军目前遭受的失败，使朱德认识到毛泽东的主张是非常正确的。因此，朱德和周恩来等多数人站在一起，肯定了毛泽东的正确主张，否定了博古、李德的错误主张。会议通过《中央政治局关于战略方针之决定》，指出："新的根据地区应是川黔边地区，在最初应以遵义为中心之地区"。[①]这个决定考虑到了当时敌我双方力量的对比，从红军所处的具体情况出发，确定了红军行军方针的重大转变，使红军转危为安。19日，朱德和周恩来向全军发出《军委执行中央政治局十二月十八日决议的决议之通电》，对中央红军的军事行动进行了具体部署，对广大指战员进行了思想教育，使全体指战员明白了红军的作战方针。

此后，中央红军向遵义进发，一路上克服各种困难，于12月底到达乌江南岸一带。中央红军充分分析了国民党反动军队在对岸的力量，认真部署强渡乌江的战斗。12月31日，朱德发出指示："我三军团应迅速渡过乌江，一军团限今晨八时前全部渡河完毕，军委纵队限今十时渡河完毕。"[②]1935年1月

[①]《中央政治局关于战略方针之决定》，1934年12月8日。
[②] 朱德致林、聂、彭、杨、董、李、罗、蔡电，1934年12月31日2时半。

1日，中共中央作出了《中央政治局关于渡江后新的行动方针的决定》。决定指出："建立川黔边新苏区根据地。首先以遵义为中心的黔北地区，然后向川南发展，是目前最中心的任务"。①1935年1月2日至6日，在毛泽东、朱德的正确指挥下，中央红军分三路渡过了乌江天险。7日，中央红军的先头部队占领了黔北重镇遵义。8日，朱德给各军团、军委纵队领导人发电："军委纵队明日进驻遵义，以纵队司令员刘伯承兼任遵义警备司令"。②

中央红军挺进遵义，当地老百姓夹道欢迎。看到了军容整洁、纪律严明的红军队伍，老百姓就看到了希望。1935年1月12日，中央红军在遵义的中学操场上举行了万人群众参加的大会。在大会上，朱德首先讲话，阐明了红军的性质和的宗旨，强调了红军严格的纪律，表明了红军有严格的纪律，全体红军战士不拿老百姓的一针一线，全心全意为人民群众服务。鉴于国内的局势，朱德等领导同志从中华民族的根本利益出发，愿意联合国内各党派、民主人士、军队和一切爱国力量共同抗击日本侵略者。1935年1月15日至17日，在红军总司令部的驻

①《中央政治局关于渡江后新的行动方针的决定》，1935年1月1日。
②朱德致各军团、军委纵队首长电，1935年1月8日。

地，召开了中央政治局扩大会议。这次会议全面地总结了第五次反"围剿"以来红军失败的教训，系统地阐明了中国革命战争的特点和相应的战略战术，深刻地批评了"左"倾冒险主义在军事上的错误。中共中央政治局在长征途中举行的遵义会议，是中国共产党历史上的一次重要会议。这次会议是中国共产党第一次独立自主地运用马克思列宁主义基本原理解决自己的路线、方针政策的会议，开创了中国革命的新局面。它确立了毛泽东在红军和党中央的领导地位，它在极端危险的时刻，挽救了党和红军，是中国共产党历史上一个生死攸关的转折点，标志着中国共产党从幼稚走向成熟。

四、红军完成长征

遵义会议后，朱德率领的部队经过一年半多的艰难行军，战胜了恶劣的自然条件，打击了对其围追堵截的敌人，终于在1936年10月9日到达甘肃的会宁。在这里，党中央派来的一方面军接应了朱德率领的部队。10月22日，贺龙、任弼时等率领部队也到达甘肃的会宁。至此，全体红军指战员历尽千辛万苦，排除艰难险阻，最终完成了举世瞩目的二万五千里长征。长征的胜利，是人类历史上的伟大奇迹，是一部气壮山河的英雄史诗。在整整两年的时间里，红军指战员转战14个省，历经曲折，保存和锻炼了革命的力量，为开展抗日战争和发展中国革命事业创造了条件。

长征的胜利，红军主力的会师，令蒋介石大为震动。他决定趁红军立足未稳，派遣十几个师的兵力，企图将红军主力消灭在黄河以东地区。11月21日，朱德和周恩来、彭德怀等统一指挥红军主力协同作战，经过一夜的战斗，沉重打击了追击红军的国民党军队胡宗南部，歼敌一个多旅，有力地粉碎了国民党军队的进攻，保卫了陕甘革命根据地。

11月22日，朱德在举行的胜利大会上，指出了刚刚结束战斗的重要意义。三大红军主力实现会师，刚刚结束的战役给追击红军的胡宗南部队以沉重打击，挫败了蒋介石的进攻计划，大振了红军的军威，长征以红军的胜利而结束。同时，朱德提出红军指战员在陕甘苏区要稳扎稳打，做好长久发展的准备，巩固好陕甘宁抗日根据地，迎接全国抗日救亡运动高潮的到来。11月23日，朱德、彭德怀、周恩来、贺龙、徐向前等联名致电毛泽东，并转中共中央、中央军委报告："三个方面军团以上干部会议，听了中央军委代表及各红军领袖的报告之后，一致在党中央和军委的正确领导之下，领导全体指战员坚决实现军委的战略方针和每个战役任务，我们坚信在党中央及军委的坚强领导之下，在三个方面军全体指战员胜利会合、一致团结一致努力之下，我们一定能够取得最后的胜利，一定能够成为全国人民团结的中心"。①这个报告标志着全体红军指战员紧密地团结在党中央的周围，最终战胜了张国焘分裂主义的危害，维护了党和红军的团结；提出了红军要始终坚持党指挥枪的原则，始终把军队置于党的绝对领导之下。

11月底，为了实现与中共中央的会合，壮大根据地的力量，朱德、周恩来和张国焘等率领红军战士到达陕北。党中央和根据地军民为他们的到来举行了隆重的欢迎仪式。随后，朱德向党中央汇报了部队的具体情况以及同张国焘分裂主义斗争的经过。毛泽东给予朱德高度评价："临大节而不辱，度量大如海，意志坚如钢。"②

从1934年10月到1936年10月，朱德经历了红军二万五千里长征的全过程。这一过程艰难曲折，历经了千辛万苦。朱德作为红军总司令，处处以身作则，和全体指战员同进退、共甘

---

①朱德、张国焘、彭德怀、周恩来、贺龙、任弼时、关向应、徐向前、陈昌浩等致毛泽东转中共中央、中革军委电，1936年11月24日。
②胡耀邦：《在朱德同志百周年诞辰纪念会上的讲话》，《人民日报》1986年12月2日。

苦，始终带领着部队不断向前。在革命的危急时刻，朱德从事实出发，始终拥护党中央的正确领导。在与张国焘分裂主义斗争中，朱德站在全局的高度，维护了革命队伍的团结，朱德为中国革命做出了巨大的历史贡献。

第四章　率师抗日

　　1931年9月18日，日本关东军制造了震惊中外的
"九一八"事变。1937年，日本帝国主义又开始向华北进军，
企图进一步占领我国领土。为了保家卫国、捍卫疆土，朱德领
导部队誓师抗日。平型关大捷，打破了敌人不可战胜的神话，
鼓舞了全国人民的士气，坚定了抗战必胜的信心。为了破坏敌
人的扫荡和破袭正太铁路，朱德又领导了百团大战。百团大战
的胜利鼓舞了抗战军民的士气，提升了中国共产党领导的抗日
军队的声威，振奋了全国人民的信心。当中国革命进入艰难时
期，朱德还领导陕甘宁边区军民，开垦南泥湾，从而为抗日战
争的胜利提供了强大的经济基础。

第一节　扬威太行

一、挺进华北

红军主力在革命根据地胜利会师以后，军事战斗比较少，国内局势比较平静。然而不久之后，全国的局势发生了急剧变化。1935年，日本帝国主义在侵占我国东北后，又开始向我国华北进行侵略，试图把华北变成继东北后的第二个伪满洲国。在关系到中华民族危机的关键时刻，中国共产党于1935年8月1日发表了《为抗日救国告全体同胞书》，号召中国人民动员起来，停止内战，团结一切可以团结的力量，一致抗日，把日本侵略者赶出中国，这样就使全国抗日救亡运动掀起了新的高潮。12月17日，中共中央在瓦窑堡召开政治局会议，会议分析了华北事变后国内各阶级关系的变化，讨论了建立抗日民族统一战线和建立抗日联军等问题，决定了建立抗日民族统一战线的策略，有力地推动了全国抗日民主运动的发展。

为了实行"停止内战，一致对外"的抗日政策，1936年12月12日，爱国将领张学良、杨虎城等在西安发动了对蒋介石的"兵谏"，逼蒋介石进行抗日，这就是震惊中外的"西安事变"。中国共产党从全民族的利益出发，主张和平解决"西安事变"。几天后，周恩来作为中共代表去西安看望蒋介石，蒋介石当面表示："停止剿共，联共抗日"。[①]"西安事变"的和平解决停止了内战，使得全国人民更加团结的进行抗日战争，建立了抗日民族统一战线，极大地鼓舞了全国人民的抗日热情，在一定程度上扭转了中国在抗日战场上的形势。

1937年7月7日夜间，日本侵略者为了达到不可告人的目的，悍然制造了震惊中外的"卢沟桥事变"，发动了一场规模巨大、残忍野蛮的侵略中国的战争。"卢沟桥事变"引起了全国人民的强烈反响，人民群众纷纷要求抵制日本帝国主义的侵略，把日本侵略者赶出中国。7月8日，中共中央发出庄严通电，大声疾呼："平津危急！华北危急！中华民族危急！"[②]面对强大的日本侵略者，中华民族只有实行全民族的抗战，团结一切爱国的力量，才能真正地把日本侵略者赶出中国。中国

---

① 周恩来、博古致中共中央中电，1936年12月25日。
② 金冲及：《朱德传》，人民出版社、中央文献出版社1993年版，第129页。

共产党人始终走在抗日的最前面，为实现全民族抗战而奔走呼号。7月18日，朱德离开了延安，前往红军前敌总指挥部所在地——陕西省泾阳县云阳镇，准备奔向抗日的最前沿，消灭日本侵略者。

尽管当时中国共产党已经开始全面抵抗日军的侵略，但这时蒋介石仍然没有认清日本帝国主义侵略中国的本质，对日本侵略者依旧采取妥协的政策。这在一定程度上，助长了日本帝国主义的嚣张气焰，使得日本侵略者更加肆无忌惮，变本加厉地侵略中国。日本侵略者于7月29日和30日分别占领了北平与天津，随即向华北大举进攻，企图占领全中国。日本侵略者的侵略行径激起了全国人民的愤慨。

鉴于华北局势危急和消灭红军有生力量的目的，蒋介石要求红军迅速改编，奔赴抗日前线，抵抗日本侵略者。7月28日，在同国民党进行有关联合抗日的谈判后，中共中央开会商议红军改编事宜，决定将主力红军改编为三个师，全部参加抗日作战，朱德为总指挥，彭德怀任副总指挥。在民族存亡的危急时刻，八路军将士不等改编工作全部完成，就出动迎击敌人，誓言为民族的存亡流到最后一滴血，把日本侵略者赶出中国。8月22日，改编后的八路军第一一五师主力作为抗日的先遣队，从陕西三原出发，沿同蒲铁路北上，奔赴抗日战场。朱德在红军进行改编后，对抗日斗争做出认真部署，并随后赶到洛川县参加中共中央政治局扩大会议，即后来所说的洛川会议。

洛川会议是"七七事变"发生后中共中央举行的第一次重要会议。会上，着重讨论全国抗战开始后的新形势、党在抗战时期的方针政策、抗战中的作战方针等问题。会议通过了《关于目前形势与党的任务的决定》和《抗日救国十大纲领》。朱德在会上多次发言，强调了红军在主动出兵后，要注意发动群众，进行广泛的游击战争；后方也要动员起来，支援前线。在洛川会议上，中共中央进一步健全了中共中央革命军事委员会，军事委员会由朱德等11人组成，毛泽东为军委主席，朱德、周恩来为军委副主席。会议结束后，中央军委把中国工农红军改编为国民革命军第八路军。正是这支中国共产党领导下的人民军队，为了实现团结、抵御日本侵略者，主动改编为国民革命军，走向抗日战争的最前线。国共两党的合作初步成功，红军逐渐成为抗日民族战争的模范，抗日战争成为全民族的抗日革命战争。洛川会议是中国共产党在历史转折关头召开的一次重要会议。它制定了中国共产党的全面抗战路线，规定了中国共产党的基本任务和各项具体政策，为中国共产党和全国人民指明了抗战的正确方向。

二、平型关大捷

朱德总司令率领八路军总部和一二九师，继一一五师和一二零师之后到达韩城县芝川镇，决定从这里渡过黄河，向山西侯马进发，准备从侯马乘火车北上抗日。在北上抗日的路上，到处可以看见从沦陷区逃出来的难民和败退下来的国民党军队。而军容整洁、纪律严明的八路军所到之处，人民群众夹道欢迎，他们看到了抗日战争的希望，看到了民族的希望和未来。八路军向北行进过程中，沿途站满了欢迎的人民群众。当他们得知那位不停地和人民群众招手、脸色比别人黑一点、衣着和别的军人一样、体型和长年劳作的庄稼人一样的长者，就是鼎鼎大名的朱德总司令时，人们不禁大发感慨："八路军的总司令不像国民党军队的长官，老百姓是可以亲近的！"[1]朱德总司令的朴实敦厚让人民群众看到了八路军的与众不同，体

---

[1] 傅钟：《敌后抗战的开端》，《八路军回忆史料（1）》，解放军出版社1988年版，第65页。

会到了八路军严明的纪律，八路军和人民群众之间心与心的距离更近了。八路军全体将士肩负保卫人民群众，捍卫国家的历史使命，迫切希望打击日本帝国主义的狂妄气焰，鼓舞全国人民的斗志。

日本帝国主义占领北平和天津后，继续扩大其在中国的侵略战争。9月初，敌人兵分三路，沿平绥、平汉、津浦铁路向中国的广大土地进犯，其中平绥路是敌人的主要进攻方向。这一路敌人又分成左右两翼：右翼在占领大同后，沿同蒲铁路进犯雁门关；左翼从蔚县、涞源进攻平型关，而后与右翼会合于雁门关。敌人蓄谋已久的战略企图是，由山西北部打开通道，然后和沿石太铁路西进的敌人一同攻占太原，奇取山西，进一步占领中国的土地。

为了阻止日军这一战略企图的实现，朱德对敌情和山西一带的地形进行分析，认为日本侵略者在山西有着强大的军事力量，如果拿八路军的武器装备和敌军的武器装备相比的话，基本上没有什么优势。朱德与彭德怀等人商量后，决定发挥八路军的优势，在山西开展游击战争，寻找有利战机，消灭敌人的有生力量。

平型关是山西东北部的重要隘口，它蜿蜒在群山沟壑之间，地势非常险要，易守难攻。只要日军行军平型关，这里便是八路军进行伏击的有利地点。1937年9月23日，朱德获悉：22日夜间，日军奇袭国民党军队的平型关阵地，两军发生激战。为配合国民党军队作战，八路军一一五师风雨兼程到达平型关，准备给骄横的日本侵略者一个狠狠的打击，扩大八路军的声威。朱德随即电令："一一五师应即向平型关、灵丘间出动，机动侧击向平型关进攻之敌，但须控制一部于灵丘以南，保障自己之右侧。"[①]八路军一一五师为了充分地打好这一仗，对全师指战员做了战前动员，强调了打好平型关这一仗的重要意义，并详细介绍了敌人的具体情况和我军的军事部署，号召大家发挥八路军不怕吃苦、敢打敢拼的精神，消灭来犯的日本侵略者。进攻平型关的日军是敌第五师团，也叫板垣师团，师团长叫板垣征四郎，他是一个有名的"中国通"。早在1929年，板垣征四郎就担任关东军参谋。1931年"九一八"事变后，日本帝国主义在东北组织伪满洲国，板垣征四郎代表关东军同溥仪谈判。卢沟桥事变爆发时，板垣征四郎已升任中将师团长，他率领的部队异常

---

① 朱德、彭德怀关于侧击进攻平型关之敌的命令，1937年9月23日。

骄横。他认为八路军不可能很快渡过黄河，更没有想到会有一支严阵以待的八路军队伍在等待时机准备消灭他们。

9月24日，八路军侦查部队报告，敌人很可能将在第二天大举进攻平型关。傍晚，一一五师领导在研究完汇集的情报后，果断地下达了出击的命令。那天晚上，天空下起了瓢泼大雨。八路军战士既没有雨衣，也没有抵御寒冷的衣服，只能任凭大雨浇透薄薄的衣服。为了消灭日本侵略者，保卫国家，八路军战士依然以饱满的精神状态投入到打击日本侵略者的行动中。八路军全体指战员在崎岖的山沟里行军，于天亮前抢占了通向平型关的两侧高地。这里是日军进攻平型关的必经之地，八路军居高临下，占据了有利的地理位置。战士们忍受着饥饿和寒冷，趴在冰凉的阵地上，等待着出击的命令，等待着消灭日本侵略者。

9月25日清晨，板垣师团第二十一旅团的辎重和后卫部队进入一一五师的伏击阵地。这股敌军万万没有想到前方有等待着消灭他们的八路军。当日本侵略者正在向前行进的时候，突然遭到了山上八路军的射击，这一射击打乱了敌人的阵脚，削弱了敌人的力量，破坏了敌人的指挥系统。在山沟里，敌人的汽车相撞，人和人相互拥挤，场面非常混乱。随后，冲锋号吹响，八路军战士勇猛地冲向敌人，与敌人展开肉搏战。经过严格的武士道训练的日本侵略者，仍然负隅顽抗，但终究抵挡不住八路军赶走侵略者的决心，八路军战士奋勇杀敌，日本侵略者一部分被歼灭，一部分向西逃窜。

八路军在平型关战役，歼灭敌军一千多人，击毁汽车一百余辆，大车二百多辆，缴获九二式步兵炮一门，机枪二十余挺，步枪三百余支，大衣数千件还有部分马匹、弹药、粮草等军用物资，其中缴获了很多秘密文件，包括有敌人整个华北作战计划及标示目的之日文地图等资料。

平型关战役是八路军第一次对日作战，它干净利索地消灭了千余名日军，是"卢沟桥事变"以来中国军队对日作战中取得的第一次大捷。捷报传出，举国欢庆。平型关战役的胜利沉重地打击了敌人的嚣张气焰，挫伤了日军的锐气，粉碎了日军不可战胜的神话，使日军再不敢贸然深入，极大地提高了我军的士气，鼓舞了中国军民的抗战信心。八路军在华北首战告捷，极大地提高了中国共产党及其领导的人民军队的威望，加深了中国共产党人对抗日战争规律的认识，推动了全国抗日运动的发展。

第二节　全力抗日

一、百团大战

日本帝国主义侵占华北以后，凭借强大的军事实力，妄图"3个月内灭亡中国"。但是，八路军挺进华北以后，开辟了一个又一个敌后抗日根据地，沉重打击了日本侵略者的嚣张气焰。这些敌后抗日根据地日渐发展壮大，抗击了日本侵略者对我国的入侵。为了打击中国共产党建立的敌后抗日根据地，日本侵略者以铁路、公路等交通线为支撑，对华北地区的抗日力量发动大规模扫荡。同时，在根据地周围修筑碉堡、建立据点、构筑封锁线，妄图通过这些恶毒手段压缩敌后抗日根据地的活动空间。为了粉碎敌人的大扫荡和"清乡运动"，根据地军民采取游击战与运动战相结合的战略方针，积极主动地消灭敌人的有生力量。日军大扫荡行动的失败，使日军在军事上受到沉重打击。日军不但没有看到自己的恶行，反而对八路军及抗日根据地进行变本加厉的侵略。日军为了配合大扫荡，采取了"以铁路为柱，以公路为链，以碉堡为锁的囚笼政策"。同时，辅助一些封锁沟、封锁墙，妄图缩小抗日根据地的生存空间，进而达到消灭抗日根据地军民的险恶目的。在此背景下，八路军战斗的中心转移到开展大规模的交通破袭战，以粉碎日军的"囚笼政策"。

正太铁路在华北交通线上的位置非常重要，日本侵略者派重兵保护正太铁路。为了打击敌人的机动能力、破坏敌人的补给线，八路军进行了针锋相对的斗争，并把破坏的重点放在了正太路和同蒲路上。当时，已返回延安的朱德和在华北敌后的彭德怀共同下达了命令。命令指出："为了打击敌人的'囚笼政策'，打破敌人进犯西安之企图，争取华北战局更有利的发展，决定趁目前青纱帐与雨季时节，敌人对晋察冀、晋西北及晋东南的'扫荡'较为缓和的有利时机，大举破袭正太路。"该战役主要的战场是在正太路沿线，目的是截断敌人的交通线，打乱敌人的战略部署，破坏敌人的补给线，给日本侵略者以沉重打击。

1940年8月20日晚10时，八路军大规模的交通破袭战在华北地区打响了，八路军第一阶段的作战任务开始了。八路军战士和人民群众积极响应，踊跃参加战斗，使得参战总兵力达到了105个团。因此，八路军总部把这次战役称作"百团大战"。战役开始后，八路军总部统一指挥各参战部队，向铁路沿线的敌人发起猛烈的进攻。各参战部队勇猛向前，进攻日本侵略者踞守的车站和据点。晋察冀军区的部队强攻要塞娘子关，经过激烈战斗，夺取了敌人建造的大型堡垒，最终赢得了战役的胜利。与此同时，晋察冀军区部队在井陉煤矿工人的支持下，经过一整夜的战斗，消灭了占领矿区的日本侵略者，使日本侵略者不能利用华北的最大煤矿，沉重地打击了敌人的"以战养战"的阴谋。一二九师部队攻占了日军在阳泉至榆次之间的多处重要战略据点。一二零师部队也对日本侵略者占领的重要部分路段进行了破袭。到9月初，各参战部队基本完成了预定的作战任务。日本侵略者不甘心失败，他们调整作战部署，增加战斗人员，对正太路等重要交通线进行支援。八路军出其不意，伏击了前来支援的日军。

从9月20日开始第二阶段的战役，八路军的作战意图是在第一阶段战役成果的基础上，继续破坏敌人的交通线，扩大战役的成果，寻找战机消灭敌人；战役的要点是摧毁深入八路军根据地内和主要交通线两侧的敌人据点。一二九师、晋察冀军区、冀中军区、冀南军区、一二零师都发动了许多著名的战役，摧毁了敌人的许多据点，切断了日军在交通线上的补给，有力地消灭了敌人，壮大了八路军的声威，鼓舞了全国人民的抗日热情。

八路军总部指挥的连续破袭战，破坏了敌人的补给线，切断了敌人内部之间的联系，给日本侵略者以沉重打击。日军为挽救颓势，重新建立交通线，紧急调遣华北境内所有机动的兵力，对八路军抗日根据地进行报复性的疯狂"扫荡"。此后，战役进入第三阶段。这一阶段由破袭战转为反"扫荡"。敌人"扫荡"所到之处，实行杀光、烧光、抢光的"三光政策"，对根据地军民进行残忍的迫害，日本侵略者的残暴行径更加激起了全国人民的声讨和反抗。八路军指战员来不及休整和补充后勤给养，就立刻投入到反"扫荡"的行动中。八路军各部队采取内线与外线相结合的作战方法，积极发动人民群众，寻找机会歼灭敌人。最终，八路军领导抗日根据军民粉碎了敌人的"扫荡"。

百团大战是八路军发动的一次规模最大、持续时间最长的战略性战役，是抗战以来华北战场上空前未有的积极主动向日军进攻的大会战。百团大战的胜利鼓舞了敌后根据地军民和全国人民的抗日精神，有利地支援了国民党的正面战场，沉重打击了日本侵略者的嚣张气焰，提高了中国共产党和八路军的地位和威望。在百团大战中，八路军战士表现出了敢打敢拼、英勇杀敌的气概，表明了八路军是人民的军队，显示出了中国共产党政策和策略的正确性。百团大战对争取全国抗战时局好转起了积极作用。

二、开垦南泥湾

百团大战后，日本侵略者向抗日根据地进行疯狂的"扫荡"。同时，国民党顽固派对根据地进行严密的军事包围和经济封锁。因此，在当时各抗日根据地面临着严重的经济困难和物质短缺的问题。

当时，中共中央所在地和敌后抗日根据地的总后方在陕甘宁边区。这里处于高原山区，降雨稀少、土地贫瘠、经济落后。在国民党顽固派的封锁下，全边区一百五十多万人民群众，数万名干部、战士及全国各地奔赴延安的爱国青年的吃穿住行，成了一个急需解决的大问题。为了解决根据地的实际困难，减轻边区人民群众的负担，朱德决定仿效古代军耕屯田的做法。朱德的这一倡议得到了中共中央的肯定。

朱德非常关心部队的生产，主张部队众多强壮的劳动力投入到生产运动中，以减轻人民群众的负担，密切军民关系，搞好边区建设，改善部队的生活，提高部队的战斗力。朱德不仅是一名气吞山河的战场勇将，也是一个抓经济工作的专家。他提出克服经济困难和物质短缺的办法，得到了人民群众的积极响应。1940年12月3日，在延安生产动员大会上，边区政府主席林伯渠称赞朱德"贡献给我们很多宝贵意见，对于我们明年的生产建设是有很大作用的"。在波澜壮阔的大生产运动中，朱德是大家争相学习的榜样。朱德亲自在延安王家坪开出一块菜地，根据时令，亲手种菜。朱德出身农家，具有丰富的农耕知识，可以较好地掌握农时，他种的菜质量好，产量高。朱德还带头拾粪，给菜地施肥、浇水。这样，朱德也被大家称为"种菜能手"。他种的菜除了满足自己需要外，还招待从前线归来的将士。

朱德不仅是农业生产方面的高手，而且还和其他领导同志一样承担纺线任务。刚开始，朱德身边的工作人员纺线速度很慢。朱德就和他们一起改进纺线的技术。在朱德的指导下，工作人员造出了一架纺车，这样就使纺线速度比原来提高了好几倍。

吃饭问题依然是陕甘宁边区经济困难中的头等大事。为了解决这一头等大事，朱德想到了我国历史上实行过的屯田。在屯田思想的影响下，朱德提出了一个重要的主张：在不耽误部队作战和训练的前提下，开展军垦屯田。朱德经过与当地民众的谈话和自己的实地勘查，最终选择了南泥湾。

南泥湾位于延安东南黄龙山地区，距离延安45公里，从战略地位上来讲，南泥湾是延安的南大门。从生产角度上讲，这里有很大的开发价值。它由河川和森林地带构成，河川两岸草木茂盛、土地肥沃。据估算南泥湾有荒地一百多万亩，相传这里曾是土地肥沃、人口稠密的富裕地区，后来因为回民起义把这一带烧了，最后使这里变成了荒无人烟、杂草丛生、野兽出没的荒原。

朱德指出要利用边区根据地军民的勤劳朴实和南泥湾的资源优势来解决根据地经济困难。1941年春，朱德带领警卫战士和农业技术人员到南泥湾实地考察。当时，南泥湾没有道路，战士们只能用工具砍出一条路来。在南泥湾考察中，朱德遇到一位当地的老人。这位老人告诉朱德，他在南泥湾已住了几十年了，他原籍四川，其父是从四川逃难来到这里的。朱德听后，热情地对他说："咱们是同乡啊！"从老人家那里，朱德了解了很多南泥湾的具体情况。朱德一边打听，一边思考，在他的大脑里勾画出了一个全方位开发南泥湾的构想。

足够的人力支持是开发南泥湾的基础。奉命调回延安的三五九旅旅长王震在向朱德汇报完自己的工作后，朱德就把开垦南泥湾的想法告诉了王震，并指出了开垦南泥湾对于边区根据地的重要意义。听了朱德的谈话后，王震不加思考，欣然答应。1941年春天，三五九旅的七一七团进驻南泥湾。之后，中共中央和中央军委各直属单位，三五九旅旅部和下属各团也开进垦区。人民群众积极支持八路军的开荒生产，南泥湾掀起开荒生产的热潮。垦荒战士一边打仗，一边学习生产，一边做群众工作。朱德还指示三五九旅在发展好农业的同时，还要发展好畜牧业、运输业、商业。

经过三五九旅全体战士和广大人民群众的艰苦努力，轰轰烈烈的大生产运动取得了显著成绩。1941年，他们开垦荒地12000亩，粮食自给率达到近80%。1942年，三五九旅耕种面积达到26800亩，收获细粮3050石。1943年，粮食自给率近100%。南泥湾改变了昔日景象，到处可见各种各样的农作物。1943年，由南泥湾向延安运输粮食的物资呈现出一派繁忙的景象，一度出现运输工具严重短缺的现象。广大八路军官兵正是用自己的双手和汗水，将荒无人烟的南泥湾变成了"平川稻谷香，肥鸭遍池塘。到处是庄稼，遍地是牛羊"的陕北好"江南"。

在朱德提倡的"南泥湾政策"下，八路军自己动手、克服困难，使南泥湾连年获得大丰收。在"南泥湾政策"影响下，陕甘宁边区其他地方的经济工作也取得较大成绩。敌人的封锁政策彻底被八路军瓦解了，陕甘宁边区非但没有垮掉，反而更加巩稳固地屹立于中国的西北大地上。边区政府不仅解决了吃饭问题，还发展了畜牧业、手工业、商业、运输业等其他行业。陕甘宁边区的示范作用影响和带动了其他抗日根据地生产的发展，这为巩固抗日革命根据地和即将到来的八路军大反攻提供了坚实的物质基础。开垦南泥湾所展现的自力更生，奋发图强的精神，必将激励一代又一代中华儿女。

第三节　胜利前夜

一、战略反攻

经过1941年和1942年两年的艰苦斗争，八路军粉碎了日本侵略者极其残酷的"扫荡"，日本帝国主义由此开始走下坡路。从1942年冬天开始，华北各抗日根据地开始逐渐恢复和发展壮大，人民群众的力量也得到很大程度的发展。

世界形势在此时也发生了很大变化。世界反法西斯阵营进行了反攻，有力地消灭了法西斯的力量，日本帝国主义的处境也每况愈下。然而，日本侵略者并不甘心失败。1943年，日本华北派遣军总司令冈村宁次表示："八路军是日军占领华北的重要敌人，在以后的军事行动中，要重点消灭中国共产党领导的八路军"。在这种情况下，八路军指战员根据斗争的实际情况和上级的指示，并结合八路军的优势，采取了"敌进我进"的作战方针。在这个方针的指导下，八路军主力部队、地方部队和游击队密切配合，组建了千百支武装工作队深入敌占区，寻找战机主动地给敌人以致命打击，这样就扩大了抗日根据地的地域范围，有效地支持了人民群众的抗日斗争，并且发展和壮大了抗日根据地。

1943年，日本侵略者在受到沉重的打击后，已没有力量再进行大规模的"扫荡"。与此相反，敌后抗日根据地的军民则把斗争的方向转移到了敌占区。在整个华北敌后战场，八路军在战场上占据了主动权，进行了积极主动的进攻作战。与此同时，日军在太平洋战场遭到了美军的进攻，战局急转直下。为了挽救战场危局，日本侵略者从华北抽调了多个精锐师团，以打通中国到东南亚的交通生命线，这样就必然造成了华北敌后战场日军兵力的空虚，为八路军进行战略反攻提供了有利时机。1944年，中国共产党及其领导的八路军确立了在华北战略反攻的方针："团结全华北人民的力量，克服一切困难，坚持华北抗战，坚持抗日根据地，积蓄力量，准备反攻，迎接胜利。"[①]八路军战士和人民群众按照这一指示精神，进行了局部反攻，消灭了日本侵略者的有生力量，支持了国民党抗日的正面战场和世界人民的反法西斯战争。

八路军进行的局部反攻，不仅增强了中国共产党领导的敌后抗日根据地的力量，而且提高了八路军战士的能力，锻炼了根据地的军民。通过八路军的局部反攻，全国各抗日根据地日益发展壮大，根据地人口已扩展到9000万，八路军和新四军的数量已扩大到78万人，民兵的数量也有很大的增加。根据地的经济实力和政治工作也得到了增强。

抗日根据地军民遵照党中央"扩大解放区，缩小沦陷区"的指示精神，制定了正确的战略方针，对日本侵略者发动

---

① 毛泽东亲自致电邓小平回延安参加七届一中全会，人民网，http://history.people.com.cn/GB/199250/227703/15318408.html，文史连载，2011年8月3日。

了强有力的攻势。山东军区、晋冀鲁豫军区、晋绥军区、晋察冀军区先后发动了很多次重大战役，进一步打击了日本侵略者。为了尽快打败日本侵略者，取得抗日战争的最后胜利，为了更好地建设新中国，中国共产党于1945年4月23日至6月11日在延安召开了第七次全国代表大会。毛泽东向大会提交了《论联合政府》的书面政治报告后，朱德明确表示："我完全同意我党领袖毛泽东同志《论联合政府》的政治报告。毛泽东同志这个伟大的历史文件，具体地总结了中国人民为中国的独立、自由、民主、统一与富强而流血斗争的经验，规定了和提出了打败日寇和建设新中国的具体步骤与具体纲领，真正给我党和全国人民指示了决定中国抗战胜利和决定战后中国命运的道路"。[①]4月25日，朱德向大会作《论解放区战场》的军事报告。他系统地阐述了解放区战场开辟、发展的艰难历程，指出八路军进入华北敌后所取得的成绩是"毛泽东同志的天才的战略方针的指导"的结果；敌后战场的形成是人民军队、人民战争和毛泽东同志出奇制胜的人民战略所造成的结果。《论解放区战场》的军事报告认为，"解放区的战争是伟大的真正的全

---

① 《朱德选集》，人民出版社1983年版，第136页。

面的人民战争";解放区军队今后的中心战略任务是,"准备实行从抗日游击战争到抗日正规战争的战略转变"。[①]这些要求和措施,为实行由游击战向正规战的军事战略转变和全面反攻,在思想上、组织上、工作上作好了准备。这样就提高了官兵的政治自觉性,团结了军队与人民,巩固和提高了军队的战斗力。

在七届一中全会上,毛泽东、朱德、刘少奇、周恩来、任弼时当选为中共中央书记处书记,中国共产党第一代领导核心形成了。从此,他们领导中国人民去争取抗日战争的胜利和新民主主义革命在全国的胜利,引导中国人民走上幸福之路。

二、抗战胜利

1945年8月8日,苏联正式对日宣战,随后向占领中国东北的日本侵略者发起猛烈进攻,击溃了日本的关东军。8月10日,日本政府表示要向中、苏、美、英四国投降。当晚,朱德就发出命令,命令包围日伪军的各解放区人民军队,迅速行动,收缴敌伪的武器,接受日伪军的投降。朱德向八路军战士

---

① 朱德:论解放区战场(节录),八路军太行纪念馆,2011年3月31日。

强调，如果在此过程中，敌伪部队拒绝缴械投降，那么就要坚决地消灭他们。

为了配合苏联红军进入中国境内作战，打击负隅顽抗的日本侵略者，并准备接受日敌伪军投降，8月11日，朱德指示原东北将领吕正操所部、张学诗所部、万毅所部、李运昌所部及冀热辽边区的人民军队，迅速向东北地区进发。朱德还命令："所有沿铁路线及其他一切敌占交通要道两侧的中国抗日部队，都要积极进行进攻，迫使日伪军接受无条件投降。"

艰苦卓绝的中国人民经过长达八年的浴血奋战，即将迎来全国抗日战争的胜利。然而，蒋介石独裁政府却企图霸占全国人民抗战胜利的果实。8月11日，蒋介石连续发出命令，要求解放区的人民军队在原地驻防待命，妄图剥夺解放区八路军的受降权力；要求国民党军队要积极推进，尽可能多地占领战略要地。并且，蒋介石还利用美国提供的飞机、军舰加紧运送国民党军队，向华北、华中、华南各解放区逼近。面对严峻的内战危险，朱德遵照中共中央的指示精神，与蒋介石进行了积极斗争。广大敌后抗日根据地军民按照中共中央决策，向日伪军发起了反攻。晋察冀军区、冀鲁豫军区、太行区部队、太岳区部队、山东军区部队、新四军部队，都向敌人展开猛烈攻势，切断了敌人的交通线，收复了许多失地。

中国人民在中国共产党的领导下英勇抗战、顽强拼搏，最终赢得了抗日战争的胜利。抗日战争是中国历史上空前的一次反侵略战争和全民族解放战争，无论在世界反法西斯战争中还是在中国历史上都占有极其重要的地位。抗日战争的胜利，结束了近代中国在外敌入侵时的屈辱历史，从根本上改变了战前世界政治格局，大大提高了中国的国际地位，使中国挣脱了束缚在自己身上的枷锁，废除了帝国主义列强强迫中国签订的一系列不平等条约。抗日战争是中华民族由衰落转向振兴的重要转折点，它促进了中华民族的空前觉醒。

第五章　解放人民

抗日战争胜利后，中国进入大转折的紧要关头。在两种命运、两个前途的决战中，朱德发挥了十分重要的作用。他参与决策"向北发展，向南防御"战略方针，为解放战争的胜利奠定了坚实的基础；他受中共中央委托，帮助晋察冀野战军打开战略进攻局面；他指导打城市攻坚战，开创了我军攻占坚固设防城市的范例；他精心组织军工生产，做好战场后勤，为加速解放战争的胜利进程，做出了不可磨灭的贡献。

第一节　针锋相对

一、蒋介石的阴谋

抗日战争胜利后，国内外的形势和阶级关系发生了急剧变化，中国人民同国民党反动派的矛盾上升为主要矛盾。中国共产党与国民党矛盾焦点关系着中国的未来，中国面临着两种命运，两种前途的大决战。中国人民饱尝了多年战争的痛苦，他们在热烈庆祝抗战胜利的同时，都非常渴望中国能够出现一个和平建设的新局面，使国家走上富强的道路。中国共产党代表人民的愿望，主张战后国共两党携手并肩，共同建设一个和平、民主、富强的新中国。然而，蒋介石要建立一个代表大地主大资产阶级利益的专政国家。美国也想变中国变为自己的附庸国。为此，美国与蒋介石独裁政府相互勾结，抢夺抗战胜利果实，准备发动反共反人民的内战。针对蒋介石的独裁做法，朱德在1949年8月13日致电蒋介石，电文告诫蒋介石不要做损害中华民族的整体利益的事情，如果执意这样做，必将引起不良后果。

对于接受日本投降的问题，朱德面对蒋介石、日本侵略者、日伪军暗中合流的形势，电令侵华日军头目冈村宁次："命令在华的一切部队，停止其所有军事行动，听候中国解放区一切抗日人民武装力量的命令，向我抗日人民武装力量缴械投降"。与此同时，为了更好地让美国、英国和苏联三国真正了解中国国内的真实情况以及中国共产党及其领导的八路军为抗日战争所做的巨大贡献。朱德向美国、英国和苏联三国政府发出说帖，请三国政府在处理日本投降问题时，注意目前中国战场的事实：解放区和沦陷区所有抗日军民在八年艰苦卓绝的抗战中，所取得的成绩；揭露了国民党政府对抗日军民的污蔑；并向三国政府提出声明——"中国国民党政府在接受日伪投降与缔结受降后的一切和约时，不能代表中国解放区和沦陷区广大人民及一切真正抗日的人民武装力量。在制定协议过程中，涉及到中国解放区和沦陷区的广大人民和一切真正抗日的人民武装力量时，如果事先未取得八路军的同意，八路军将保留自己的发言权；中国解放区和沦陷区一切抗日的人民武装力量，有权依照波斯坦宣言和同盟国规定的受降办法，接受被我军包围的日伪军队的投降，缴获他们的武器装备；中国解放区和沦陷区一切抗日的人民武装力量有权派遣自己的代表参加同盟国接受敌国的投降和处理敌国投降后的工作；中国解放区的一切抗日武装力量有权选出自己的代表团，参加有关处理日本的和平会议及联合国会议；请美国政府站在中美两国人民的共同利益上，减少中国的内战危险。如果国民党政府发动对中国人民的全国范围的大规模内战，请美国政府不要给予国民党政府援助。"

对于朱德提出的要求，蒋介石独裁政府置之不理。尽管蒋介石早已存心想发动内战，但是蒋介石部队大多退到西南和西北的大后方，他们没有充足时间和运力调遣兵力，进行内战。所以，蒋介石只好做出和谈的姿态，以此为发动内战争取更多的时间。

二、重庆谈判

由于解放区人民武装力量的强大；由于全国人民要求和平民主，反对内战的舆论压力；由于国际和平民主力量的强大；由于蒋介石要完成进攻解放区的内战部署需要时间，因此蒋介石密谋策划，玩弄"和平谈判"的阴谋。在1945年8月，蒋介石先后三次主动致电毛泽东，邀请毛泽东赴重庆共商国是。在蒋介石邀请毛泽东赴重庆谈判的同时，苏联领导人斯大林也致电中共中央，建议毛泽东去重庆同蒋介石进行谈判，共同就国家的发展大计进行协商，寻求签订国内和平的协议，使中国走上和平、民主的发展道路。

中共中央政治局于1945年8月23日举行扩大会议，商讨去重庆谈判的问题。在这次会议上，中国共产党人经过认真分析，认为蒋介石所谓的和平谈判是对人民群众进行迷惑的烟雾弹，实质上是为他发动内战争取更多的时间。同时，还指出了蒋介石的诡计：如果毛泽东不去谈判，就诬蔑共产党不要和平，不要团结，把内战的责任转嫁到中国共产党身上，以达到欺骗中国人民和世界舆论的目的。如果毛泽东去了，他就通过谈判逼迫中国共产党交出政权和军队。如果此计不成，则可以利用谈判，麻痹中国共产党和人民，争取更多的时间、准备内战。中共中央洞察了蒋介石的假和谈、真内战的阴谋。党中央政治局领导同志多次开会讨论毛泽东是否去谈判的问题。经过周密研究，反复权衡利弊，中央政治局决定由毛泽东亲自赴重庆与蒋介石进行谈判。其目的是为了击破国民党污蔑共产党不要和平、不要团结的谎言，并尽一切可能争取和平、阻止国家内战的爆发，在斗争中揭露蒋介石的阴谋以及更好地教育和团结全国人民。

毛泽东认真分析了当时的国内外形势，指出在一段时间内争取国内和平是有可能的，并提出了和平、民主、团结三大口号，同国民党进行有利、有理、有节的斗争，争取国内出现和平局面。在政治局会议上，朱德提出："和平对中国人民是有利的，这次去谈判是必要的，蒋介石可能作些让步。"①为

---

① 中共中央政治局扩大会议记录，1945年8月23日。

了能够使重庆谈判顺利进行，尽可能地争取和平，会议决定先派周恩来去重庆做些准备工作，毛泽东随后再去。人民的力量是中国共产党同蒋介石进行直接谈判的力量源泉，实现中国的和平发展是中国共产党同蒋介石谈判的主要目的。中国共产党谈判代表团同蒋介石独裁政府的反动本质进行了针锋相对的斗争，目的是希望以和平的形式同国民党签订协议，实现国民党内部的政治改革，使中国朝着和平民主的方向发展。为了应对突发情况，中共中央也做了应对最不利情况的准备，在毛泽东赴重庆谈判的43个日日夜夜，朱德等中央领导同志时刻牵挂着毛泽东的安全。

8月下旬，朱德在杨家岭给中共中央机关的干部作了一场时事报告。这场报告中，朱德分析了蒋介石发动内战的原因，并指出中国共产党为了中国的和平民主，为了国家的恢复和发展，为了人民过上安定和平的生活，可以不打。然而当时，由于国民党四大家族的残酷压榨，国统区经济与社会发展极度衰落。相反，由于中国共产党处处为了人民群众着想，解放区到处是生机勃勃的景象。国统区的广大人民群众过着暗无天日的生活，他们迫切希望国内结束战争，过上和平幸福的生活。但国民党政府为了维护自己的独裁统治，不顾广大人民群众的意愿，积极准备内战，遭到了全国人民的唾弃。

朱德在向中共中央机关干部作报告时，强调中国共产党非常需要和平，渴望和平，中国共产党是中国和平事业的坚定支持者。在同国民党进行谈判时，中国共产党认清了蒋介石独裁政府假和平、真内战的真实本质。为了维护国民党政府的独裁统治，国民党反动军队对人民解放军发动了多次进攻，人民解放军根据自卫的原则，针锋相对地予以回击，保卫了根据地军民的安全。人民解放军在人民群众的支持和拥护下，取得了巨大发展。中原解放军胜利突围，粟裕指挥的部队连战连捷，刘邓大军向陇海路出击，这些战役给国民党反动军队以沉重打击。蒋介石集中兵力进攻解放区，而解放区军队也把兵力集中起来，进行反击，更加清晰地揭露了蒋介石真内战、假和平的阴谋。

第二节 争取胜利

一、东北问题

朱德以其敏锐的战略眼光，提出了要派干部去东北开展工作的重要建议。朱德提出此建议主要是因为东北地区具有重要的战略地位：首先，中国共产党如果可以首先控制东北，就有北靠苏联、东依朝鲜、西依蒙古的有利国际环境和向南与冀热辽解放区、华北解放区连成一片的国内有利环境，改变长期被敌人分割包围的困境，使自己立于不败之地；其次，东北幅员辽阔，有丰富的物质资源。中国共产党如果可以首先控制东北，那么就可获得充足的战略资源和后勤补给。此外，东北地区工业基础雄厚，东北的工业占当时全国工业的80%，尤其是重工业。总之，从地理位置、人力物力资源及工业发展情况等方面，东北都处于重要地位。因此，争取东北对于中国共产党来说至关重要。

解放战争初期，东北的形势对共产党极为有利。日本投降时，国民党在东北没有什么群众基础，军事力量也比较薄弱。国民党军队的主力远在西南和西北，不可能很快运到东北。与之相反，中国共产党和东北人民早已建立了密切联系。"九一八"事变后，中国共产党在东北地区积极发动人民群众，组织各种抗日救亡团体，广泛开展爱国运动和抗日游击战争。东北抗日联军在极其艰苦的条件下，长期坚持抗日斗争，建立许多游击根据地，给日寇以沉重打击。因此，中国共产党在东北有着深厚的群众基础。中国共产党对付不得人心的国民党也有自己的办法。这时，有些干部和群众看到苏联政府和国民党政府签订了协议就有些灰心丧气，看不到在东北发展的前途。为了使全体指战员树立去东北工作的信心，朱德结合东北的实际情况，阐明了发展东北的可能性。他语重心长地告诫大家："在过去，大家认为社会主义苏联会在很大程度上帮助我们，但是现在悲观失望了。大家心里要清楚，虽然有这个条约，但东北的工作还有很大的空间需要我们去经营，有很多的工作需要我们共产党人去做"，"苏联三个月撤兵，中国要归中国人自己管，东北要归东北人管，我们当然可以管，条约上没有规定不要我们去，不要我们管"。[1]"东北物产丰富，工业发达，地理位置优越，战略地位突出。现在我们要派大量干部队伍去东北，去发动群众，支援群众，争取东北三千万群众和我们中国共产党人在一起，这是一条大有作为的路"，"我们到东北是去做事，不是去做官。蒋介石派人是去做官的，国民党在那里没有底子。东北必须是民主的东北，我们大有希望"。[2]

---

[1] 金冲及：《朱德传》，人民出版社、中央文献出版社1993年版，第546页。

[2] 朱德对出发东北工作干部的报告（记录稿），1945年8月28日。

朱德提出积极向东北发展的主张，得到了中共中央的高度重视。随后，中共中央就决定派冀热辽军区第十六军分区司令员曾克林率部队首先挺进东北。在进入东北后，曾克林陪同苏军在东北的最高司令马林诺夫斯基元帅的代表贝鲁罗索夫中校，乘军用飞机飞抵延安。在延安，苏军代表向朱德总司令转达马林诺夫斯基元帅的意见，"红军不久即行撤退，我们不干涉中国内政，中国的内部问题由中国自行解决"。在这个背景下，中国共产党可以自主地向东北发展，可以自主地发动人民群众，建立可靠的根据地。只有这样，中国共产党才能站稳脚跟，逐渐争取在东北的优势，变被动为主动。

朱德向苏军代表详细阐述和总结了中国共产党及其八路军在东北地区进行的抗日活动。在朱德的努力下，人民解放军与苏军代表达成协议："原属冀热辽抗日根据地范围内的锦州、热河两省完全交给八路军接管。"[①]达成协议后，曾克林向中共中央汇报了东北地区的工作情况。为了做好东北地区的工作，给东北人民群众以温暖，朱德再三叮嘱曾克林："东北人民受了日本侵略者十几年的压迫，要使他们感到我们党的温

---

① 曾克林：《戎马生涯的回忆》，解放军出版社1992年版，第233页。

暖，感到党和人民军队是他们的靠山，使党的影响深入人心。你们是第一批进入东北的部队，责任重大。"①随后，经过中共中央政治局的商议，决定经营东北将是八路军今后的战略重点，八路军将派遣大批干部挺进东北，支持东北的工作。为了进一步加强党对东北工作的统筹安排和全局领导，中共中央成立了以彭真为书记的中共中央东北局，中国共产党经营东北的工作全面展开了。三天后，朱德致电正在重庆谈判的毛泽东，明确提出了"向北发展，向南防御"的战略方针和具体行动部署，即调动部队争取东北，控制热河和察哈尔等北方地区；积极调动相关部队到冀东、热河一带，全力支援"向北发展，向南防御"的战略方针。

毛泽东和周恩来看到这封电报后，非常高兴。经毛泽东和周恩来商议后，立即复电表示完全同意。随后，中共中央立即给各中央局发电："全国战略方针是向北发展，向南防御。只要我能控制东北及热、察两省，并有全国各解放区及全国人民配合斗争，即能保障全国人民的胜利。"②当时的国民党反

① 曾克林：《戎马生涯的回忆》，解放军出版社1992年版，第234页。

② 《目前任务和战略部署》，《刘少奇选集》（上），人民出版社1981年版，第372页。

动军队绞尽脑汁，想尽一切办法消灭八路军，蒋介石甚至忘记了国仇家恨，竟与投降的日本人合起伙来进攻共产党，这些日本人都是和八路军有作战经验的侵略者，可见国民党反动派的险恶用心。国民党反动军队为了维护自己的独裁统治，采取了"和平谈判"的阴谋，妄图为其发动内战争取时间。中国共产党积极地揭露了国民党假和平、真内战本质，努力推动全国政治局势向前发展。

争夺东北的第一步就是要坚持"向北发展，向南防御"的战略方针。由于中国共产党正确地贯彻执行了这一重要的战略方针，才使得东北地区朝着积极的方向发展。到了1945年11月底，进入东北地区的人民军队在数量上已经达11万人，从各个解放区抽调的党政干部已有2万人到达东北地区。为了适应新形势，中国共产党在东北成立了东北人民自治军，统一指挥进入东北的人民部队。地方各级政府也纷纷成立，进行轰轰烈烈的土改运动，人民群众热烈支持中国共产党的领导，纷纷参加东北人民自治军，保卫革命胜利的果实。

二、开创新局面

1946年秋，人民解放战争中自卫作战已经取得了重要战果，已歼灭进攻解放区的国民党军队1/5的人数。为了寻求战机，歼灭敌人的有生力量，人民解放军在运动中主动放弃一些地方的这一举措使得蒋介石过高地估计了自己的力量，认为凭借他们军事上的优势和美国的援助，可以迅速战胜人民解放军。在10月11日，蒋介石不顾中国共产党和其他爱国人士的严重警告，擅自撕毁了政治协商会议上达成的和平建国协议，宣布将单方面召开"国民大会"，并积极准备向陕甘宁边区发动进攻。

朱德在1947年元旦指出："今年的一年，将是中国人民斗争形势转变的一年。"国民党反动军队对解放区进行全面进攻失败后，不得不改为重点进攻。在进行了一番谋划后，蒋介石决定把进攻的主要目标放在陕甘宁和山东两个地方。蒋介石详细部署了进攻陕北的军事行动，企图凭借优势兵力，一举消灭陕北人民解放军，攻占革命圣地延安，动摇人民解放军的军心，瓦解人民解放军的意志，削弱中国共产党的国际地位。针对蒋介石的重点进攻，延安各界人士召开了保卫陕甘宁边区的战斗动员大会，朱德出席大会并讲话。中央军委决定组建西北野战兵团，西北人民解放军二万余人在彭德怀、习仲勋的指挥下，采用"蘑菇"战术，对抗国民党反动军队23万人的进攻。

毛泽东考虑到敌我双方兵力相差悬殊，于是从整个战局出发，做出主动撤离延安的战略决策。

在毛泽东、朱德等领导同志离开延安后的一个月时间里，西北野战兵团在彭德怀的指挥下，取得羊马河、蟠龙镇等重要战役的胜利，大大消灭了敌人的机动能力。晋冀鲁豫军区部队在河南北部发起反攻，晋察冀军区部队在正太路上发起反攻。虽然，国民党军队暂时占领了延安，但其重点进攻已被西北野战兵团打破，开始陷入被动局面。朱德对这种形势进行了概括，解放区每天打胜仗促进了全国革命高潮的到来。朱德在晋察冀边区所进行的一系列工作，都及时详细地向党中央做了报告，为全国革命形势向前发展提供了理论依据。

1947年夏，人民解放军由战略防御转入战略进攻。人民解放军依照中共中央由内线转向外线的战略方针，认真筹划战略反攻。朱德说："整个形势变了，敌人的盛气凌人的进攻，大规模的进攻，以为三个月把我们消灭，最多半年把我们消灭，现在证明是一场春梦"，"所以今年的精神是进攻"。[1]鉴于国内形势的变化，1947年10月10日，时任中国人民解放军

---

[1] 朱德在全国土地会议上的报告，记录稿，1947年9月7日。

总司令朱德、副总司令彭德怀联名发表了《中国人民解放军宣言》。该宣言非常明确地提出了"打倒蒋介石、解放全中国"的口号。这个口号得到了人民群众的热烈拥护，推动了全国解放战争的迅速发展。

晋察冀边区人民解放军进行了强有力的进攻，经过几次大的战役，除了个别城市还在国民党的控制范围外，已经控制了晋察冀的大部分地区。但是，国民党军队当时的装备水平要比人民解放军好很多，并且在数量上，国民党军队也占有一定的优势，北平、天津和保定三个城市的距离很近，国民党军队可以进行相互增援，这些都是人民解放军进攻北平、天津和保定的客观条件。而人民解放军还有一个不可忽视的不足，那就是缺乏打大歼灭战的经验。为了打好大歼灭战，人民解放军认真学习了相关的军事理论知识，在日常的军事斗争中，不断丰富和发展打大歼灭战的知识。1947年9月中旬，人民解放军检验学习成果的时机终于到了。国民党反动派为了保持对东北的占领，蒋介石命令北平、天津和保定等地区的部队支援东北，这样就使华北地区的兵力空虚。晋察冀边区的人民解放军紧紧抓住了这一关键时机，详细部署，进攻保定北部，这样就吸引了大批国民党军队倾巢出动。10月3日，杨得志、杨成武等向军委领导提出进行保北战役的报告。朱德复电同意了晋察冀边区人民解放军的军事行动。随着人民解放军的攻势加强,此战役演变成了著名的清风店战役。这次战役是朱德到晋察冀解放区后的一次漂亮的大歼灭战。清风店战役结束不久,晋察冀军区司令员兼政治委员聂荣臻致电中央军委,请示进行石家庄战役。朱德和刘少奇复电聂荣臻,同意晋察冀军区攻取石家庄的军事行动。10月23日,聂荣臻致电中央军委指出:"石门无城墙,守兵仅三团,周围四十里长的战线,其主管官被俘,内部动摇,情况亦易了解。乘胜进攻,有可能打开,亦可能引起平、保敌人南援,在保、石间寻求大规模的运动战的机会"。根据聂荣臻电文指出的具体战略方针,中央军委在复电聂荣臻并告朱德的电报中,要求晋察冀部队"整顿队势,恢复疲劳,侦察石门,完成打石门之一切准备……以攻石打援兵姿态实行打石门,将重点放在打援上面"。[①]依据中央军委的指示精神,朱德同晋察冀军区的领导人进行了紧张的战前动员。经过大家的共同商议,这次战役的方针采用充分兼顾攻城与打援两个方面,这样既有利于顺利攻克石家庄,同时又能有机会歼灭

①《毛泽东军事文集》第4卷,军事科学出版社、中央文献出版社,1993年版,第315页。

国民党的援军。根据晋察冀部队的备战情况，朱德站在全局的高度，从宏观上考虑了石家庄战役的情况，并同晋察冀军区的领导人认真分析各方面的具体情况，同时兼顾各方面因素，最终制定了周密详尽的攻城打援计划，确定了"两个打法：一个是围点打援，一个是全力坚决攻下他……援兵来了，我们就集中主力打援，打了援回头再打石家庄。援兵不来，就一直打下去。"①晋察冀军区的领导人用两个月时间为全体战士做了攻打石家庄的思想准备。攻打石家庄的大兵团作战有可能需要较长时间，炮弹、炸药等攻坚物资的充足供应也十分重要。为了保障部队的弹药供给，朱德专门指示相关工作人员，加班加点，认真筹划攻打石家庄所需的战略物资。

石家庄在当时是一座有近三十万人口的城市，平汉、正太两条铁路在这里交汇，是重要的交通枢纽。经过日本帝国主义的八年侵占和国民党的苦心经营，石家庄成为城防坚固的战略要地。人民解放军攻占这样的大城市，还是第一次。特别困难的是，当时解放军没有攻城的大型军事设备，炮弹数量也很少。晋察冀部队按照既定作战方案，经过了整整8个小时的战

①《聂荣臻军事文选》，解放军出版社1992年版，第271页。

斗，铁桶般的石家庄才被攻破。这次战役进行的异常残酷，在战役的关键时刻，朱德不顾自身的安危，通过各种方式给全体指战员以巨大鼓舞。

三、打好"大歼灭战"

人民解放军在石家庄战役的巨大胜利，不仅使人民解放军缴获许多先进的武器装备，更重要的是人民解放军积累了打大城市的经验，学会了打大城市的战略战术，这意味着中国革命战争已进入了一个新的阶段。石家庄战役的胜利也使得华北地区的战略格局发生了重大变化。朱德和参加攻打石家庄的同志一起总结了石家庄战役的经验和战术，这些总结出来的经验和战略战术在各解放区迅速推广，在结合各地区实际的情况下不断完善，使人民解放军攻占国民党占领的大城市的速度大大加快。石家庄战役的胜利，标志着人民解放军这支从山沟里走出来的队伍完成了历史型的转折，形成了一整套城市攻坚的战略战术，为加速解放战争的进程开创了新的局面。1947年冬，蒋介石飞到北平，组合了北平、天津、保定、张家口等地区的国民党力量，成立了华北"剿匪"总司令部。傅作义任总司令，总揽华北地区的军事指挥大权。傅作义在北平附近集中自己的主力部队，重新组建了机动兵团，准备实行主力与主力相互对抗的作战方法，力图争取战场的主动权，改变自己被动的局面。

针对出现的新情况，朱德和刘少奇于1948年2月14日向晋察冀野战军提出新的作战方针，即向平绥、冀东方向行动，发挥人民解放军的优势，进行大的战略机动。这样，有利于在更大的范围内调动国民党军队，在运动中歼灭敌人；有利于更好的打破傅作义作战计划，打通华北解放军各部的联系，有利于积极配合东北解放军的攻势。当时，傅作义部队的主力主要集中北平、天津及张家口等地区。狡猾的傅作义部队，每当发现人民解放军主力的前进方向后，就派遣三四个军的兵力，与人民解放军形成对峙形势，破坏了人民解放军的运动策略，对人民解放军形成了不利的局面。人民解放军经过对战场情况的实地调查，发现敌人在绥远地区的后方兵力非常的空虚。在此情况下，人民解放军将领杨得志、罗瑞卿将绥远地区划作他们机动作战的范围，这样便于打击傅作义部队的后方，调动分散的敌人，在运动中歼灭敌人。

朱德致函冀中军区司令员孙毅："傅作义初上任，必欲建树，不惜本钱寻求与我决战。我军当以不速决为是。因此，敌集中了主力，必放弃许多地方，凡有可乘之机，你处当乘之，决不可错过。东北大胜，已将你们前面之敌九十四军之四十三师（援东北）全部消灭，另一九四师亦同时消灭。"[①]随着革命形势的发展，朱德给孙毅写信，提出了消灭敌人骑兵的方法，建议孙毅指挥部队在敌人的据点、坑道口突然袭击敌人的骑兵，降低敌人的机动能力。此后，朱德再次致函孙毅，提出了新的作战策略，即孙毅在指挥部队作战时，要积极配合热河、冀东战役，增强部队的机动能力，努力向北面发展，并做好长期斗争的准备。由于华北军区部队执行了正确的作战方针和作战方法，抓住时机，发动了多次重大战役，在运动中歼灭敌人。在1948年春夏，华北解放区共歼灭国民党军队五万余人，拖住了华北的国民党军队，为辽沈战役的顺利进行提供了支持。

要解放全中国就必须攻打国民党军队坚固设防的大城市。但是，执行这一重大的战略任务就必须有充足的炮弹和炸药，以及强大的后勤供给。1947年春，朱德到达晋察冀解放区后，就找到时任晋察冀军区兵工部副部长的刘鼎进行谈话，商

---

① 朱德致孙毅的信，手稿，1948年1月11日。

量军工生产的问题，朱德认为，战略大反攻需要充足的炮弹，兵工生产要抓紧，多生产一些炮弹。刘鼎当即向朱德表示，根据以往在晋冀鲁豫时的实践，人民解放军已经具备了生产炮弹的能力，并且有能力研制出更安全、更有威力的炮弹。同时，刘鼎也请朱德帮助他们解决制造炮弹所必需的化学材料。朱德对刘鼎的要求表示完全支持，并尽可能对他们进行帮助。朱德在1947年7月11日致电毛泽东，提出要把分散的军工生产统一起来，要大规模地发展炸药和炮弹的生产。7月20日，朱德又写信给毛泽东、周恩来、任弼时、彭德怀等领导同志，建议在11月或12月召开晋察冀军工会议、参谋会议和交通运输会议，以便加强反攻的军事准备。朱德指出："我军将来反攻时，最重要的是炮弹、炸药的大批补充。各解放区野战军反攻时，应特别注意组织后方运输补给，尽管是些微小的补充（大部由前线解决），也是必须的。"朱德还对晋察冀边区的军工生产给予具体指导和帮助，鼓励生产单位采用先进技术，提高生产效率，搞好运输线，保证军工产品及时安全地送到前线。

　　经中共中央同意，中央工委在西柏坡召开了华北各解放区军工会议、交通会议，研究部署人民解放军的军工生产和发展的问题。朱德在会上做了重要讲话，强调了军工生产对人民解放军取得战争胜利的重要意义。此后，朱德又在军工会议上提到了军事工厂的管理问题，认为军事工厂应该实行企业化的管理方法，人民的思想也要有一个大的转变，从而更好的进行军工生产。

武器弹药的供应一直是人民解放军取得不断取胜的有力保障，朱德对武器弹药的供应工作很是重视。在朱德的指示和领导下，广大解放区武器弹药的供应工作有了突飞猛进的发展。为了保障人民解放军夺取全国的胜利，大批武器弹药源源不断地送往前线，从而为人民解放军的胜利提供了强大的武器保障。兵工厂的解放军战士，发挥自己的聪明才智，根据攻坚战的需要还研制出大口径掷弹筒和粗膛迫击炮发射炸药包。在战略决战阶段，解放区的武器弹药供应工作为解放军提供的炮弹和炸药显示出巨大的威力，形成了对国民党反动军队的威慑力，提高了广大人民解放军战士的信心。人民群众也全力支持人民解放军，为人民解放军提供了强大的后勤保障，这些条件都大大加速了解放战争的进程。

中共中央书记处于1948年4月30日至5月7日，在城南庄召开会议，会议总结了人民解放军转入战略进攻以来的经验，分析和研究了夺取全国胜利的各项战略部署和方针政策。朱德参加了这次会议，并听取了华东野战军负责人陈毅、粟裕的汇报。听取报告后，朱德同意华东野战军负责人提出的华野三个纵队暂不渡江南下，集中兵力在中原黄淮地区大量歼敌的建议。为了更好地指导华东野战军的军事行动，朱德在陈毅、粟裕的陪同下，代表中共中央赴濮阳地区对华东野战军进行慰问并指导工作。

从5月10日到5月18日，朱德不顾千里跋涉的劳累，通过大篇幅的讲话，鼓励战士们要好好学习马列主义、毛泽东著作，运用毛泽东的军事思想，具体指导战场的实践。另外，朱德先后听取相关领导同志的工作汇报，还利用吃饭时间来到战士中嘘寒问暖，当场解答战士代表提出的各种问题。朱德的讲话生动有趣，使战士们受到了很大的启发。朱德每到一处，都受到了人民解放军全体指战员的热烈欢迎。朱德在讲话中，代表中共中央和中央军委向华东野战军表示亲切慰问，希望全体指战员发扬人民解放军的战斗精神，干净彻底的消灭国民党反动军队。在讲话中，朱德着重讲了全国革命的形势和人民解放军的军队建设问题，给战士们以思想上的指导。

根据中央书记处会议精神，朱德反复强调了执行政策、遵守纪律的重要性。他说："要保证政策的执行，便要有良好的纪律。同志们要坚决遵守人民军队纪律。纪律是我们的命脉。纪律遵守得好，我们就可以少打一些仗，胜利也可更快的到来。"①朱德在谈到军队建设时，他强调，"我们与国民党军队所以不同，主要就是我们有政治工作。我们是人民的军队，不是军阀的队伍"，"有坚强的政治工作，部队才能巩固，士气才很高，才能打胜仗"。②朱德强调学习战略战术在作战中的重要性，告诫全体指战员都要从实际情况出发，认真地学习与国民党反动军队进行作战的战术，认真研究国民党反动军队使用的战略战术，同时也要对人民解放军自己的战略战术进行系统的总结，发现其存在的规律性，提高军事活动的预见性。全体指战员要认真研究蒋介石某些战术的变化，然后有针对性地改变战术，从而有效地打击敌人，彻底消灭国民党反动军队。朱德的讲话语言通俗、内容丰富、思想深刻，给华东野战军全体指战员很大的教育，提高了全体指战员的思想境界，鼓舞了全体指战员的斗志，增强了全体指战员的战斗力，加强了全体指战员对中国革命取得最后胜利的信心。

---

① 朱德在华东野战军第一兵团直属队欢迎会上的讲话，记录稿，1948年5月13日。

② 朱德在华东野战军第一兵团团以上干部会上的讲话，记录稿，1948年5月14日。

在朱德讲话精神的指导下，华东野战军在中原野战军一部的配合下，分析了敌我双方的态势、抓住有利时机，发起了豫东战役，一举攻克了开封等战略要地，并寻找机会歼灭敌人的援军。这次战役的胜利，改变了人民解放军在中原和华东战场的形势，使人民解放军的力量得到增强。这以后，朱德作为中央书记处和中央军委主要领导成员之一，协同毛泽东、周恩来指挥全国的解放战争。当解放战争进入第3个年头的时候，人民解放军不论在质量上，还是数量上都占有优势，人民解放军的装备也有了很大提高，而且得到了人民群众的热烈拥护，有良好的群众基础。人民解放军为打倒蒋介石独裁政府，解放全中国而继续战斗。

为了更好地指挥人民解放军进行战略决战，朱德经常听取相关作战工作的汇报，发表了富有全局性的指导意见。1948年8月23日，他在战况汇报会上对战略决战的地点、时间、条件和有关政策提出看法说，"中原战场是决战的战场，自古以来谁在中原取得胜利，最后胜利属于谁的问题就能解决"，"只要我们在军工生产上努力，今后不会有什么攻不破的城市"，"对东北的敌人，我们不能让他们进关，蒋介石说要守住长春、沈阳，这很好，因为他们把这样多的军队放到这样远的地方，每天靠飞机运输接济，这就增加他们许多麻烦和消耗。如果让他们进关，不论增至华北或华中，都会增加我们不少的麻烦"，"我们的胜利，在今天来说，是更有把握了。但如果我们的许多政策——土地改革、工商业、镇压反革命、生产、争取俘虏等，有一条执行的不正确，都可以使我们失败。在军事上争取俘虏的成功，这是一个大胜利"。[①]

在全国解放战争进入战略决战的重要时刻，1948年9月8日至13日，在河北省平山县西柏坡村召开了中共中央政治局扩大会议。会议的主要任务是总结检查过去时期党的工作，规定今后时期党的任务和奋斗目标。中心议题是：军队要向前进，生产也要向前发展，要加强党员干部和人民解放军战士的纪律性。朱德在会上发言指出："一年来我们的部队大有进步，战斗力大大提高了，但不能满足于现状。要不断提高部队的技术装备，加强人员和物资的补充，搞好军工生产，统一兵路运输，统一医疗卫生工作，使部队能连续作战。"[②]这次会议为从根本上打倒国民党的反动统治，夺取全国的伟大胜利，从军

[①] 朱德在中国人民解放军总部作战局战况汇报会议上的讲话，1948年8月23日。

[②] 金冲及：《朱德传》，人民出版社、中央文献出版社1993年版，第602页。

事上、政治上、组织上作了充分准备。9月下旬，全体华东野战军战士发扬不怕苦、不怕累的战斗精神，攻占了济南，这次战役的胜利拉开了人民解放军进行战略决战的序幕。

震惊中外的辽沈战役，是解放战争时期中国共产党同国民党在军事上进行战略决战的三大战役中的第一个战役。这次战役，双方都投入了很多的参战兵力、战场规模巨大。辽沈战役的关键战役是攻克锦州，攻克锦州是取得整个战役胜利的关键一仗，它形成了"关门打狗"的有利态势。1948年9月7日，毛泽东提出了辽沈战役的作战方针，要求东北野战军首先南下作战，攻克锦州、山海关等战略要地，封闭东北大门，然后将东北国民党反动军队就地歼灭。10月14日至15日，顽强的东北野战军连续作战，克服各种困难，最终攻克锦州，为辽沈战役的最终胜利奠定了基础。胜利的消息传到西柏坡，朱德在战况汇报会上做了重要讲话，他指出："打下锦州，我们更好地取得了攻坚战及攻取大城市的经验。目前主要作战在东北，形势对我们有利，可以打几个好仗，在今冬解决东北问题。东北解决了，我军可以入关，最后解决傅作义"。①此前，经过东北野

---

① 朱德在中国人民解放军总部作战局战况汇报会上的讲话，1948年10月16日。

战军的夏季攻势，东北国民党军已经被分割在长春、沈阳、锦州三个孤立的城市以及周围狭小的地区。华北野战军按照中央军委的部署，切断了国民党反动军队东北与华北的联系。1948年5月24日，东北野战军发起了攻打长春外围的作战，由于国民党长春守敌较多，且防御体系比较坚固，战斗进行得比较缓慢。东北野战军领导认为，目前人民解放军攻取长春这样坚固设防的大城市，条件尚不成熟。朱德在全面分析战局后，经过周密的思考，认为攻占长春是很有可能的，于是，他便给中共中央和毛泽东写了一封信。朱德的这封信，受到了毛泽东的高度重视，这封信为人民解放军进攻长春提供了战略方针的指导，加速了东北地区的解放。

11月初，人民解放军取得了辽沈战役的胜利。此战役消灭了近五十万国民党军队，解放了东北全境，使全国的军事形势出现了一个新的转折点。人民解放军取得辽沈战役的胜利在中国人民解放战争史上谱写了极其光辉的篇章。随后，中原野战军与华东野战军在中原大地上发起了规模巨大的淮海战役。这场战役使蒋介石的精锐部队大部分被消灭干净，人民解放军基本上解放了长江以北的华东和中原广大地区，极大地推动了解放全中国的进程。

在淮海战役即将胜利之际，东北野战军挥师入关，联合华北军区第二兵团又发动了平津战役。11月26日，当淮海战役和平津战役都有重大进展的时候，朱德在战况汇报会上高兴地指出，"我们正以全力与敌人进行决战。二十年来的革命战争，向来是敌人找我们决战。今天形势变了，是我们集中主力找敌人决战。东北决战已把敌人消灭了。现在，正在徐州地区进行决战，平津决战也即将开始"。[①]人民解放军在徐州地区集结了大量兵力，在数量上和质量上都要比国民党军队还要好一点。然而，国民党军队在徐州地区集结的三个兵团属于蒋介石的嫡系部队，是国民党反动军队的精锐。根据形势的发展，人民解放军的主力已经南下攻打黄维兵团。然而黄维误判了形势，认为自己兵力强大，人民解放军不敢攻打他。实际情况是，兵越多越容易生乱，国民党的队伍一乱，人民解放军就有了消灭他们的机会。人民解放军战士在人民群众的支持下，连续作战，不怕牺牲，不怕吃苦，最终取得了淮海战役的胜利。为了使驰名世界的文化古都免于战火，中共中央考虑和平解放北平。1949年1月31日，人民解放军接管了北平的防务，至

[①] 朱德在中国人民解放军总部作战局战况汇报会上的讲话，1948年11月26日。

此，北平宣告和平解放。北平的和平解放胜利结束了平津战役，达到了歼灭和改编华北国民党军五十二万多人的预期目的，解放了华北地区；它创造了解放国民党军队的"北平方式"，此方式成为后来解放湖南、四川、新疆、云南等地的范例。平津战役的伟大胜利，是人民解放军军事打击和政治争取相结合的结果，使悠久的文化古都北平和工商业大城市天津重新回到人民手中，从此谱写了新的历史篇章。

在三大战役进行期间，1948年11月1日，朱德和彭德怀联名发布《中国人民解放军总部关于惩处战争罪犯的命令》，这个惩处战争罪犯的命令，对国民党统治集团起了巨大的震慑作用，加速了解放战争的胜利进程，减少了战争带来的破坏，赢得了民心，争取了那些站在人民立场上的爱国人士，为争取三大战役的胜利奠定了思想基础。

辽沈、淮海、平津三大战役，从1948年9月12日开始，到1949年1月31日结束，历时4个月零19天，共歼灭国民党军队约一百五十四万人，使国民党主要的军事力量基本上被摧毁，为中国革命的全国性胜利奠定了基础。三大战役的胜利，是人民战争的伟大胜利。在战役中，各解放区人民以源源不绝的人力、物力给予前线以空前规模的支援，创造了人类战争史上罕见的奇观。

经过三大战役，中国的政治形势已经十分明朗：中国人民革命战争在全国范围内的胜利已经不需要太长的时间了。中国革命已处在胜利的前夜，新中国的曙光已经出现在东方的地平线上。三大战略决战的伟大胜利，震撼了世界，预示着蒋介石二十多年来在中国的统治即将告终。此后，为了推翻蒋介石独裁政府的统治，解放全中国的人民，朱德协助毛泽东运筹于帷幄之中，决胜于千里之外，发起了渡江战役。此战役共歼国民党军四十三万多人，解放了南京、杭州、上海、武汉等大城市和其他广大地区。此战役的胜利，为进军华南、西南创造了有利条件，加速了全国的解放。

第六章　建国创业

在中国共产党的领导下，中国人民推翻了国民党反动派的统治，建立了新中国。中国历史，从此进入了一个新的阶段。朱德在新中国成立后，为中国人民解放军的建设，为实现人民解放军军队的正规化和现代化提出了许多合理化的建议。并且，朱德还先后曾担任中央纪委书记、国家副主席和委员长等重要职务，为新中国的建设事业呕心沥血，做出了卓越的贡献。

第一节　建立新中国

一、新政协会议

国民党政府统治中心南京的解放，结束了国民党反动派的统治。随后，毛泽东、朱德联名颁布《中国人民解放军布告》，该布告声明："中国人民解放军愿与我全体人民共同遵守此布告，希望全体人民一律安居乐业，切勿轻信谣言，自相惊扰"。[①]随着中国人民解放军的胜利进军，这个布告传遍了全国的大江南北，给广大人民群众带来了安宁、带来了希望，对维护社会秩序、恢复和发展生产起了积极作用。为了迎接新中国的诞生，各行各业的专业人士紧急筹划发展蓝图，许多爱国的人民团体先后召开会议共商国是。从4月到8月，朱德接连参加了各行各业代表组织的诸多会议。在相关会议上，各条战线的爱国人士积极踊跃地表达了对新中国的期盼，表达了对未来美好生活的向往。

6月15日，朱德参加了在北平中南海举行的新政治协商会议筹备会。在开幕仪式上，他满怀激情地说："中国的历史，从此将要进入到了一个崭新的时代，全国人民都感到万分的兴奋和愉悦！现在召集政治协商会议的一切条件都已经成熟了，在这些条件中间，最重要的是人民解放军在全国的胜利和国民党反动统治的灭亡。残余的敌人现在虽然还在继续勾结帝国主义企图继续挣扎，但是他们在最后全部消灭已

---

① 毛泽东：《毛泽东选集》（第四卷），人民出版社1991年版，第1457页。

经只是一个时间问题了。人民解放军是中国民主运动最忠实的支持者，而在现在它就是新政治协商会议及即将成立的民主联合政府的最忠实的支持者。现在，新政治协商会议即将召开，民主联合政府即将建立，人民解放军将成为这个人民的政府的坚定不移的柱石。"朱德的讲话强调了人民解放军的重要作用，揭示了国民党反动政府必然灭亡的趋势，推动了中国民主运动的发展，坚定地支持了民主联合政府的建立。

经过长时间的紧张筹备，中国人民政治协商会议于1949年9月21日在北京隆重召开，朱德参加了中国人民政治协商会议第一届全体会议。在大会上，朱德做了重要发言，他宣布："我们一致拥护中国人民政治协商会议组织法草案、中华人民共和国中央人民政府组织法草案和中国人民政治协商会议共同纲领草案。中国人民解放军愿意坚决服从中国人民政治协商会议的共同纲领，并在中央人民政府领导之下，为完全实现这个纲领而奋斗。"9月30日，中国人民政治协商会议第一届会议胜利闭幕，朱德当选为中华人民共和国中央人民政府委员会副主席，并致闭幕词，鼓励人民群众团结一致地把新中国建设好、发展好。在整个会议期间，全体与会代表共同努力、众志成城，为国家兴旺发达、民族繁荣昌盛营造了良好的局面。1949年10月1日，中央人民政府委员会第一次会议正式任命毛泽东为中央人民政府革命军事委员会主席，任命朱德为中国人民解放军总司令。建立新中国是朱德从青年时代就有的理想，这个理想在中国共产党人的自力更生、艰苦奋斗的努力下，终于变成了现实。

二、天安门城楼上的讲话

1949年10月1日下午3时，在礼炮的响声中，在人民群众的欢呼声中，鲜艳的五星红旗在天安门广场冉冉升起。来自全国各族的爱国人士齐聚在天安门广场上目睹了这一重要的历史时刻，大家共同庆祝中华人民共和国的成立。毛泽东主席站在天安门城楼上向世界庄严宣布："中华人民共和国中央人民政府今天成立了。"随着毛泽东庄严的宣告，中华民族翻开了崭新的一页，中国人民从此真正站起来了。

在开国大典上，朱德作为中国人民解放军总司令，检阅了三军仪仗队，发布了《中国人民解放军总部命令》。他那响亮的声音响彻整个天安门广场："我命令中国人民解放军全体指战员、工作员，坚决执行中央人民政府和伟大领袖毛主席的一切命令，迅速肃清国民党反动军队的残余，解放一切尚未解放的国土，同时肃清土匪和其他一切反革命匪徒，镇压他们的一切反抗和捣乱行为。"[1]作为领导和参加过众多战役的朱德来说，他深知，新中国要想强大起来，就必须认识到建设一支现代化的强大国防军的重要性，这一问题已经成为党和国家面临的重大战略任务。中国要想走独立发展的和平道路，强大的国防是基础，是一个国家在国际社会发展的重要保障。新中国要保卫新生的革命政权，保护革命的胜利果实，建设人民群众的幸福生活，这些目标的实现都离不开现代化的强大国防。

在此前召开的中国人民政治协商会议第一届全体会议上，朱德做了发言，强调新中国一定要建立一支统一的、现代化的人民军队，一定要建立一支为人民服务的强大的人民军队，一定要建立一支听党指挥、纪律严明、用我必胜的人民军队。因为只有这样的军队，才有能力去捍卫我们的祖国，才能保障国家的真正权利属于人民，才能有效地抵制外

---

[1] 朱德：《中国人民解放军总部命令》，《朱德选集》，人民出版社1983年版，第296页。

国侵略者，从而促进中华民族的和平发展。会上颁布的《共同纲领》对人民军队的要求主要是政治合格，军事过硬。要想建设现代化的陆军、空军和海军，就必须以革命精神教育人民解放军全体指战员。朱德的发言，明确地提出了建国后军队建设的总任务和总目标，体现了中国人民解放军实现国防现代化的决心，表达了中国人民和平发展的意愿，同时也表现了中国人民解放军为人民服务的宗旨。

在开国大典后，中央人民政府人民革命军事委员会正式成立。毛泽东任主席，朱德、刘少奇、周恩来、彭德怀、程潜任副主席。10月20日，毛泽东主持了人民革命军事委员会的第一次全体会议，会议讨论了中国人民解放军向中南、西南继续进军和军队建设的一系列问题。朱德强调："建立强大的国防军，是我们面前迫不及待的任务。我们部队在消灭阶级之前，永远是一个战斗队。我们要很好地学习军队现代化的知识，学习陆海空军联合作战的方法和技术。"1950年初，朱德向毛泽东提交了两个报告。在报告中，朱德详细介绍了人民解放军在大陆战场的具体情况，提出了人民解放军要有计划、有步骤的工作，积极稳妥地加速我国现代国防的建设。

朱德在建国后为建设一支现代化的强大的人民军队，呕心沥血、日夜操劳，他领导了人民解放军空军、海军、装甲兵等兵种的组建工作，热心关注了军队的后勤工作，提出了军事工业发展的具体建议，注重加强军事院校建设和部队训练工作，建立起科学统一的编制体制，建立起现代化的国防工业体系。朱德强调："今后的战争是诸兵种的联合作战，主张在军队实行整编时，就要进行各军兵种的建设，要根据国家财经的可能力量，把军队的数量和质量都要搞好。"[①]朱德通过提建议、出主意、抓落实等方式为中国人民解放军的建设做出了卓越的贡献，为实现人民解放军军队的正规化和现代化提出了许多合理化的建议。

第二节　担任国家领导职务

一、中纪委书记

朱德是建国后党的中央纪律检查委员会第一任书记，

---

① 李新芝，谭晓萍：《朱德纪事》（下），中央文献出版社，2011年版，第517页。

为党的纪律检查工作做出了重要的贡献。朱德认为如果党内没有纪律，或者不坚持执行党的纪律，那党就会成为一盘散沙，也就无法率领广大的人民群众去进行斗争。在党奋斗的历史过程中，已经形成了以毛泽东为代表的党中央坚强而正确的领导。新中国成立后，中国共产党成为执政党。新中国进行各项事业的建设问题的关键在于怎样保证党的路线、政策能够顺利执行，怎样保持党同人民群众的血肉联系，怎样保持中国共产党人实事求是、艰苦奋斗的优良作风。根据这些情况，朱德强调了纪律的重要性，要求在党内要坚持铁的纪律，加强党员干部的党性原则，以保证全党的统一与集中。新中国成立后，中国共产党的地位发生了变化，党的言行会对全国人民产生重要影响。这种情况，对党提出了更高的要求。如果有一些党员干部有不好的言行，就会破坏党的战斗力，降低党在人民群众中的威望。

为此，中共中央做出了成立中央及各级党的纪律检查委员会的决定，并由朱德兼任中央纪律检查委员会书记。朱德进行了认真的调研工作，及时总结工作中出现的经验和教训。在1950年3月，刚从苏联访问归来的毛泽东，就接到了朱德写的书面报告。该报告介绍了目前党员队伍建设存在的一些的问题，概述了中央及各级党的纪检机构初期开展工作的情况，提出了中央及地方各级党的纪律检查机构未来发展的构想。

朱德对中央纪律检查委员会的工作极为重视，因为他认为坚持铁的纪律对党的事业具有重大意义。建国初期，由于解放战争的胜利，中国共产党地位发生了很大变化。有些党员在和平的环境中，滋长出骄傲自满、官僚主义等不良作风，甚至还有少数人经不起资产阶级糖衣炮弹的攻击，退化变质。为了保持党的战斗力，保持党与人民群众的血肉联系，中国共产党加强了对党员干部的教育。朱德对这项工作十分重视。1950年5月，他专门召开了纪律检查委员的扩大干部会议，着重强调了对党员干部进行教育的重要性。朱德要求纪检工作要积极配合党员干部的教育，重点解决党内存在的突出问题。中共中央发动反贪污、反浪费、反官僚主义的"三反"运动后，朱德立即指示中央纪委和各级纪委紧张地投入工作。在各级党委的领导下，中央纪委和各级纪委广泛发动群众，展开一系列办案工作。朱德把"三反"运动与党的纪检工作紧密结合起来，指出党员干部要以身作则，要勤俭节约，吃苦在前、享受在后，为人民群众服务。"三反"运动对于中国共产党来说，是一次有领导的、发动群众的、全体规模的、有系统的纪律大检查运动。通过这场运动，不仅使党克服了资产阶级思想的侵蚀，洗刷了旧社会遗留下来的贪污、浪费和官僚主义的毒害，而且还充实和健全了党的组织生活，发扬了民主作风，改善了党群关系，加强了党的组织性、纪律性，使党的政治思想水平得到了很大提高。

在党中央的正确领导下，中央和各级纪律检查委员会经过自身的努力，与有些党员干部的违法乱纪行为进行了坚决的斗争，严肃处理了许多影响严重的重大事件，使我们党赢得了民心，保持了与人民群众的血肉联系，推动了我国各项事业向前发展。朱德担任中共中央纪律检查委员会书记期间，发扬吃苦在前、享受在后的风格，始终保持艰苦奋斗的作风，体现了中国共产党人的高风亮节，给其他中国共产党人作出了表率。朱德对中国革命和建设事业的贡献是尽人皆知的，可他总是谦虚谨慎、戒骄戒躁，把功劳归于党和人民的培养，把自己看作是一名普普通通的党员，踏踏实实地做好人民的公仆。1951年底，恰逢朱德六十五寿辰，家乡人民派代表到北京看望朱德，并给他祝寿。在交谈中，家乡代表提议把仪陇县改为朱德县，还有人附和，认为这是个好主意。朱德听了赶紧说："这怎么使得？我不算英雄，只是一个在战场上没有被打死的普通士兵，为革命牺牲了的烈士才称得上英雄。"[1]同时，朱德还教育家乡代表，中国共产党做官是为人民服务的，不是享福。朱德的谦虚谨慎、戒骄戒躁的品格得到了全党同志的一致认可。

建立新中国后，朱德要求全党继续保持自力更生、艰苦奋斗的优良传统，党员干部要注意时刻警惕和约束自己，保持与人民群众的血肉联系。朱德自己一生勤俭节约、清正廉洁、两袖清风。朱德认为："我们党是真正马克思主义的政党，只有我们才能花费大量的人力、物力、财力改造杜会，不但要改造经济，还要改造思想意识和道德风尚。旧习气不可能一下子除掉，沾染旧习气也很容易。如果不养成朴素节约的习惯，生产无论怎样发展，人们的欲望也是难于满足的。"朱德不仅要求自己的家人和

---

① 齐志文：《仪陇的传颂——朱总司令和家乡人民的故事》，《我们的总司令》，湖南人民出版社1980年版，第365页。

自己的士兵在吃、穿、住、用、行各个方面要勤俭，而且对自己也是很严格，处处提倡节俭。朱德从小就养成了节俭的好习惯，他每个月都要亲自检查伙食账，为的是看看超过一般人的生活水平没有。他总是量入为出，虽然为了招待很多来往的亲友，家里的开支比较大，但是，他也决不允许超过每个月的工资。另外，朱德还一再要求降低自己的生活标准，在很长一段时间里，朱德一点肉也没有吃。朱德经常教育大家："我们的国家现在是一穷二白，只有增产节约才能变得富强。光增产，不节约，就等于没有增产。勤俭勤俭，勤就是增产，俭就是节约，两者不可分嘛。"①

朱德兼任中共中央纪律检查委员会书记，共5年零7个月时间。他以身作则，坚持党的原则，维护党的纪律，带领大家认真负责地做好纪律检查工作。在全国解放后一段相当长的时间内，由于党中央的正确领导，中央和各级纪律检查委员会对违犯党纪的各种不良现象进行了坚决的斗争，对许多重大事件做了严肃的处理，从而使我们能够从纪律检查方面

① 王从吾：《整顿党风、严肃党纪——重温朱德同志的四次讲话》，《人民日报》1980年7月24日。

来推动各项事业向前发展。在这五年多的时间里，朱德对党的纪律检查工作，倾注了大量的心血。中央和各级纪律检查委员会在这段时间内处理了三十多万起案件，在同坏人坏事作斗争、克服党内纪律松弛现象方面发挥了巨大的作用。曾担任中央纪律检查委员会副书记的王从吾回忆说："朱德以身作则，坚持党的原则，维护党的纪律，带领大家认真负责地做好纪律检查工作。"

二、国家副主席

1954年9月，中华人民共和国在北京中南海怀仁堂召开了第一届全国人民代表大会第一次会议。在这次大会上，朱德当选为国家副主席。此时，中国共产党领导全国各族人民，自强不息、艰苦奋斗，度过了严重困难的时期，恢复和发展了我国的国民经济。从1953年起，我国开始有步骤地实行国民经济发展的第一个五年计划，逐步实现我国的社会主义工业化，把我国建设成社会主义工业化国家。1953年9月，中共中央向全国各族人民公布了党在过渡时期的总路线和总任务："在一个相当长的时期内，逐步实现国家的社会主义工业化，并逐步实现国家对农业、手工业和资本主义工商业的社会主义改造。"①

朱德在即将68周岁时，被选为中华人民共和国副主席，这充分反映了全国人民对朱德的爱戴。朱德一直都在为中国的革命和建设事业日夜操劳，身体状况一直不好。1950年底，朱德患了比较严重的肺炎，他不得不放弃手头的工作去外地进行疗养。当国家发展进入新阶段后，朱德仍然废寝忘食的工作，花费很多的时间去全国各地进行实地考察。朱德不考虑自己的身体状况，深入到农村的田间地头，深入到城市的工厂车间，深入到人民群众的家中，与当地的农民、工人、专家就本部门的发展诚恳地交换意见。然后，再根据自己的调查研究，详细地写报告，向中央反映实际情况。除台湾、西藏、宁夏外，朱德几乎走遍了全中国。共和国的每一寸土地上，都留下了朱德的光辉足迹。朱德注重调查研究的品格，给中国共产党人指出了切合实际的工作方法。

朱德作为国家的副主席，十分重视我国的经济建设。1949年7月1日，朱德在纪念中国共产党成立二十八周年的大会上指出：现在，经济建设已成为"全国胜利后压倒一切的

---

① 金冲及：《朱德传》，人民出版社、中央文献出版社1993年版，第654页。

中心任务"。朱德非常重视科学技术在推动生产力发展方面的巨大作用，强调只有依靠科学技术，才能更好地建设社会主义国家；为了发展我国的科学事业，必须培养大量的科技人才。1950年8月，他在全国自然科学工作者代表大会上又强调："自然科学工作一定要同全国的经济建设、文化建设与国防建设密切地结合起来，这对发展自然科学是个极为重要的条件。"①朱德强调了制定正确政策的重要性。正确的政策可以为全国人民进行经济建设提供方向性的指导。在经济建设过程中，他提出了民族资产阶级是我国社会主义建设事业的重要力量，要重视发挥民族资产阶级在我国恢复和发展国民经济中的重要作用。

在第一个五年计划中，重工业的发展是我国民经济发展的重中之重。这主要是因为重工业在巩固国防建设，为其他行业的发展提供力量支持方面发挥巨大的作用；而我国的重工业基础十分薄弱，同时还受到苏联建设经验的影响，所以国家建设事业非常重视重工业的发展。朱德认识到重工业的发展对我国经济发展的重要意义，对重工业的发展非常

①金冲及：《朱德传》，人民出版社、中央文献出版社1993年版，第656页。

重视。在刚刚当选为国家副主席后，朱德就视察了首都钢铁公司前身的石景山钢铁厂。当时，石景山钢铁厂的规模还很小，钢产量也比较少。它的发展得到了朱德等领导同志的亲切关怀和指导，石景山钢铁厂的工人积极响应朱德等中央领导同志的号召，掀起了恢复和发展生产的热潮。1952年1月21日，石景山钢铁厂的全体职工非常激动，他们接到了朱德副主席的来信，朱德在信中说，"你们的厂目前虽然还只能每年生产几十万吨，但国家对它希望很大，它是有很大发展前途的。因此，我希望你们更好地努力，学习苏联的先进经验，学习钢铁生产方面的新技术，为石景山钢铁厂未来的发展奠定一个稳固的基础"。①这封饱含了朱德对钢铁厂职工的深情厚谊和殷切希望的信，给全厂职工以极大的精神鼓舞。全厂职工加足干劲，力争多产钢材，以自己的实际行动为国家的经济发展做出贡献，更好地回报党和人民对他们的关心和希望。

1956年下半年，在党和国家领导人的正确引领下，在广大人民群众的热切努力下，生产资料的社会主义改造基本完

---

① 周冠五：《朱德同志对首钢建设的关怀》，《回忆朱德》，中央文献出版社1992年版，第366页8月3日。

成。我国已经基本上建立了社会主义制度，提前完成了国民经济发展的第一个五年计划。1956年9月15日至27日，为了总结中国共产党自七大以来在经济社会发展中的经验和教训，中国共产党在北京召开了第八次全国代表大会第一次会议。朱德参加了这次会议，指出国内的主要矛盾是人民对经济文化迅速发展的需要同当前经济文化不能满足人民需要的状况之间的矛盾。在主要矛盾分析好的基础上，大会确定全国当前的主要任务就是"集中力量发展社会生产力，实现国家工业化，逐步满足人民日益增长的物质和文化需要"。[1]只有这样，才能提高人民群众的生活水平，促进国家的发展。9月17日，朱德在会上发言："在新时期，在中国共产党的领导下，加强全党和全国各族人民的大团结，调动一切积极因素，充分发挥我国社会主义制度的优越性，最大限度地利用我国地大物博、人口众多的有利条件和有利的国际环境，努力发展社会生产力，加快社会主义经济建设，把我国建设成为一个现代化的社会主义国家。"[2]

---

[1] 中国共产党第八次全国代表大会，1956年。
[2] 朱德：《加强团结，建设社会主义》，《朱德选集》，人民出版社1983年版，第343页。

朱德不仅重视国内经济的发展，而且注意观察国际形势的变化，经常到其他国家访问，为我国各项事业的发展提供借鉴。他在给中共中央的出访报告中提到，"国际局势已发生根本变化，世界战争是可以防止的，这看法是切合实际的"，"我相信我们能够争取到相当长时期的和平建设的条件。在这种局势下，我认为需要考虑怎样把最大的力量集中到和平生产方面、同时把国防建设同和平建设结合起来的问题。现在已经是可以考虑这方面的问题的时候了"。[①]

在担任国家副主席期间，朱德领导中国进行的经济建设取得了巨大的成就。朱德对我国经济建设孜孜不倦进行探索的品格，将激励一代又一代中华儿女为实现民族复兴而奋斗。

三、担任委员长

1959年4月26日，朱德在第二届全国人民代表大会第一次会议上，当选为全国人民代表大会常务委员会委员长。此后，他又连续当选第三、四届的全国人大常委会委员长，前

---

① 金冲及：《朱德传》，人民出版社、中央文献出版社1993年版，第683页。

后共17年。

朱德在担任委员长期间，勤奋踏实地工作，认真履行宪法赋予的职责。他在人大常委会会议上说："我们被选为人大常委会委员，党和人民委托我们贯彻执行宪法规定的职权，责任很重大，任务很艰巨。我们一定要刻苦学习马克思列宁主义、毛泽东思想，勤勤恳恳地努力工作，完成党和人民赋予我们的光荣而艰巨的任务。"[①]尽管朱德年近古稀，身体状况不佳，但他仍然为国家的发展尽心尽力，亲自主持和参加了近两百次全国人大常委会会议。在每次会议之前，他都要对审议的议案和程序进行认真地研究和考察，并非常勤奋地提前到会，认真了解相关会议的筹备情况，同其工作人员共同商谈有关问题。

先后做出七个关于特赦的决定是朱德在主持全国人大常委会工作期间，最引人注目的决定。1959年国庆节前夕，中共中央向全国人大常委会提出建议，"在庆祝伟大的中华人民共和国成立十周年的时候，特赦一批确实已经改恶从善的战争罪犯、反革命罪犯和普通刑事犯"。朱德多次主持召

---

① 朱德在第四届全国人大常委会第一次会议上的讲话记录，1975年1月20日。

开人大常委会会议，讨论特赦的相关问题，希望大家在特赦问题上达成一致。但是，有些党员干部在思想上对某些战争罪犯实行特赦想不通，朱德对他们进行了耐心细致地做说服工作，最终使他们支持了中共中央的特赦决定。他说："我们党十多年来对战犯一直实行宽大政策。有人说我们'宽大无边'，这是不对的。现在看来，对战犯也好，对其他犯人也好，还是实行以教育为主的政策好，这样可以争取他们思想和行动上的转变。只要他们转变了，人民就应当宽恕他们。"1959年9月17日，二届全国人大常委会第九次会议通过了《关于特赦确实改恶从善的罪犯的决定》。首批特赦的战犯共33名，此举措赢得了海内外人士的一致赞许，也使得中国共产党的执政地位更加巩固，社会主义中国更加团结。在以后的时间里，二届全国人大常委会又连续通过了特赦第二批到第五批战犯的决定。1966年3月，三届全国人大常委会第二十九次会议再次通过特赦决定。1975年3月17日，朱德委员长主持召开四届全国人大常委会第二次会议。在这次会议上，时任国务院总理的周恩来提出对全部在押战犯实行特赦释放的建议。与会的委员们经过讨论，一致同意了周恩来的建议。在这次会议上，《关于特赦释放全部在押战争罪犯的决定》获得了通过。中国共产党的"决定特赦"深入人心，得到了各界人士的强烈支持，许多民主人士也深受感动。董必武动情地说："这次对全部在押战犯实行特赦释放并给以公民权和妥善安置，这只有在伟大领袖毛主席和伟大的中国共产党的领导下才有这样的事情，是毛主席团结一切可以团结的人的伟大政策的体现。"至此，在押战争罪犯已经全部特赦释放，他们重新获得了自由，重新回到了人民的怀抱。全国人大常委会先后七次作出关于特赦战争罪犯的决定，在国内外都引起了积极反响，该决定团结了一切可以团结的人，推动了社会主义建设事业的发展，对推动祖国和平统一事业和中华民族的大团结有着重大意义。

在担任全国人大委员长时，朱德十分重视我国经济建设事业的发展。朱德委员长一直认为，中国共产党成为执政党后，党和国家的中心任务就是集中力量进行经济建设，不断满足人民群众日益增长的物质文化需求，把我国建设成富强、民主、文明的社会主义强国。当时，全国各地的"大跃进"和人民公社化运动继续发展。朱德非常担忧许多地方不考虑实际情况，而急于改变农业、商业、手工业所有制的问题。朱德认为，农业的基本问题要与个人所有制相结合，只有这样，才能调动人民群众的生产积极性，否则，不利于农村的稳定和发展。为了考察东北地区的实际情况，朱德与当时的国家副主席董必武和人大副委员长林枫在1959年5月27日至6月24日，一起进行实地考察。在考察过程中，他们了解到了"大跃进"和人民公社化运动中出现了许多的"左"的错误。在与当地领导交谈中，朱德反复强调各地要从本地区的实际情况出发，要纠正在发展过程中出现的错误。朱德对农村办公共食堂的负面影响认识也比较早，他强调，"吃饭不要钱不行。要把粮食分给个人，由个人负责调剂，加点菜和薯。过去我们说粮食问题不大，是因为把粮食分到社员家庭，自己掌握。一办食堂，就会造成很大的浪费。只有生活资料归个人所有，归个人支配，才能调动社员的积极性。有人怕因此发展了资本主义，这种顾虑是多余的，因为生产资料掌握在集体和国家手中。群众的生活应该是越来越富。"①根据这次调研的实际情况，朱德亲自召集了全国人大常委会办公厅负责干部谈话，指示他们要根据宪法和党的有关决议，履行相关法律程序，认真研究保护公民合法的生活资料

---

① 李新芝、谭晓萍：《朱德纪事》（下），中央文献出版社，2011年版，第685页。

所有权的问题。朱德勇于实践、认真调研，不断地找一些省的主要负责人谈话，了解相关省份的经济运行情况，与他们交换对国家政策的看法。在庐山会议上，朱德积极发言，批评"大跃进"和人民公社化运动。在朱德任全国人大委员长期间，他主持做了许多工作，做出了显著成绩。

第七章 晚年峥嵘

在晚年时期，朱德陷入"文化大革命"的困扰之中。在"文化大革命"中，他进行了不屈不挠的斗争。在这期间，朱德曾经有遭受批斗的危险，但是受到了毛泽东的保护。为了纠正"文化大革命"的错误，为了忠于革命和建设事业，为了推动中国在艰难时期能够继续向前发展，朱德与"四人帮"进行了不懈的斗争。1976年，朱德与世长辞，永远地离开了我们，我们将永远怀念他。

第一节 与"四人帮"斗争

一、不屈抗争

1966年至1976年，中国发生了"文化大革命"。"文化大革命"是毛泽东对形势作了错误估计，先后又被林彪、江青两个反革命集团所利用，成为给党、国家和各族人民带来严重灾难的一场内乱。朱德人生的最后10年，是在"文化大革命"中度过的。在这段时间里，朱德始终坚定革命信念，与反革命集团进行了坚决的斗争，体现了朱德将革命进行到底的精神和为国家鞠躬尽瘁死而后已的情怀。

1965年12月，中共中央在上海召开了紧急会议。在这次会议上，林彪一伙人对中国人民解放军总参谋长罗瑞卿进行了诬陷，对罗瑞卿不赞成林彪关于"毛泽东思想是当代马克思列宁主义的顶峰"等提法进行了错误的批判。在这次会上，朱德根据马克思主义不断向前发展的特性，实事求是地表示同意罗瑞卿反对"毛泽东思想是当代马克思列宁主义的顶峰"的提法。朱德对毛泽东发自内心的敬重，他非常提倡宣传毛泽东思想，但提出宣传毛泽东思想要坚持马克思主义基本原理和一切从实际出发的原则。朱德的这次发言竟成为林彪、康生等人以后攻击他的重要借口。

1966年5月4日，中央政治局扩大会议在北京召开。这次会议对当时党和国家所处的状况和发展环境作了错误的判断。对于国家的发展和人民的事业，朱德十分担心，忧心忡忡。朱德在小组会的发言中，强调了学习马列著作和唯物辩证法的重要性。在朱德发言的过程中，林彪打断了朱德的讲话，对朱德进行了人身攻击。康生也攻击朱德"想超过毛主席"，"组织上入党了，思想上还没有入党，还是党外人士"。[①]在林彪、康生等人的撺掇下，一些造反派冲进中南海，把大字报贴到朱德家里，甚至还准备召开"批斗朱德大会"。此后，毛泽东明确表示，"朱德还是要保"。毛泽东的这句话，体现了毛泽东对朱德的关怀，体现了两人的深厚革命情谊。

"文化大革命"的发展形势，完全超出了朱德预料。当朱德亲眼目睹许多优秀的党政干部被批判为"反革命修正主义分子"、"叛徒"、"走资派"时，当朱德亲眼目睹城市工厂和农村生产生活的秩序受到冲击时，当朱德亲眼看到社会发展陷入混乱和停滞状态时，当朱德亲眼看到恢复和发展的国家经济建设受到严重破坏时，他痛心疾首，迫切地希望国家改变这种面貌。朱德在召开的中央政治局会议上，多次强调和呼吁，应该制止这种运动，使国家走上正确的发展渠道，否则后果不堪设想。

1967年2月，谭震林、陈毅、叶剑英、李先念、徐向前、

---

① 康生在中央政治局扩大会议小组会上的发言，记录稿，1966年5月24日、25日。

聂荣臻等老同志，在多次会议上对"文化大革命"的错误做法提出了强烈批评，希望国家采取正确的发展战略。但是"四人帮"反革命集团却诬陷他们的行动为"二月逆流"，并对这些老同志进行压制和打击。此后，朱德也受到了"四人帮"反革命集团压制。1969年4月，朱德出席了中国共产党第九次全国代表大会。在小组会上，朱德遭到了林彪、江青一伙的无理围攻，朱德被说成是反党、反社会主义、反毛泽东思想的"三反分子"，要求他作"检讨"。但是，由于朱德在全国人民心中的威望和毛泽东的支持，朱德仍然被选入中央委员会。在九届一中全会上，朱德当选为中央政治局委员，为国家的发展继续贡献自己的力量。

二、继续奉献

1970年8月23日至9月6日，在中共九届二中全会上，林彪一伙按照事前的预谋，准备实现抢班夺权的野心。对此，毛泽东在8月31日发表了《我的一点意见》，严厉批评了林彪反革命集团的重要成员陈伯达。随后，毛泽东果断地采取了有力措施，给林彪反革命集团以沉重打击。不甘心失败的林彪反革命集团密谋策划武装政变，以谋求更大的权力。1971年9月13

日，林彪因为发动武装政变、谋害毛泽东的阴谋败露，乘飞机仓皇出逃，摔死在蒙古的温都尔汗。

林彪事件的消息传出后，朱德的心情舒畅多了。朱德在1971年10月22日给中共中央和毛泽东写信，拥护中共中央对林彪反革命集团所采取的措施，坚定地支持党中央的正确决定，表达了对毛泽东的深厚感情。他在参加中央召开的批林整风汇报会议时说："我好几年没有和军队同志在一起开会了。现在我还能看到大家，看到我们的军队还是好军队，心情很愉快，很高兴。"①朱德还非常关心国家的发展，他利用各种各样的机会到工厂车间和田间地头去进行实地考察，了解当地人民群众的愿望，为国家的发展出谋划策。

1973年8月，中国共产党在北京召开中国共产党第十次全国代表大会，朱德出席了这次会议，并在随后的十届一中全会上，当选为中央政治局常委。1973年12月21日，毛泽东在中南海的住所会见参加中央军委会议的人员，朱德也应邀前往。朱德身穿深色的中山装，手拄拐杖，从郊区的住处赶来参加会见。当时在毛泽东身边工作的张玉凤回忆说："当我送朱老总

---

① 朱德在批林整风会议军委直属组会上的发言，1972年5月26日。

到会议室的时候，毛主席一下就看见了这位许久未见面的老战友，要站起来迎接。还没等他起身，朱老总已来到他的面前。毛主席微欠着身体，拍着身边的沙发请朱老总挨着自己坐下。此时，毛主席很动情，他对朱老总说：'老总啊！你好吗？'朱老总操着四川口音高兴地告诉主席说：'我很好。'两位老战友的手紧紧地握在了一起。"此情此景，令在场的人们感动不已。朱德坐下后，"毛主席从小茶几上拿起一支雪茄烟，若有所思地划着火柴点燃香烟吸了一口，又环顾四周，继续对朱老总说：'有人说你是黑司令，我不高兴。我说是红司令，红司令'他重复着。又说：'没有朱，哪有毛，朱毛，朱毛，朱在先嘛'"。[①]可见，毛泽东对朱德的深厚感情和无比信任。

第二节　与世长辞

一、哀悼总理

1975年1月13日至17日，朱德主持第四届全国人民代表大

---

① 张玉凤：《毛泽东晚年生活的片断回忆》，《中国老年报》1989年1月4日。

会第一次会议的开幕式，周恩来总理拖着病重的身体作了《政府工作报告》。该报告重申了发展我国国民经济的两步设想："第一步在1980年以前，建成一个独立的比较完整的工业体系和国民经济体系；第二步在本世纪内，全面实现农业、工业、国防和科学技术的现代化，使我国国民经济走在世界的前列。"[①]党和国家的领导人重新提出了实现四个现代化的宏伟目标，鼓舞了全国人民的信心，使全国人民又重新燃起了新的希望。朱德精神振奋，心情格外激动。已是89岁高龄的朱德在这次会上继续当选为全国人大常委会委员长。他在人大常委会第一次会议上说："在庄严的四届人大一次会议上，我们被选为人大常委会委员，党和人民委托我们贯彻执行宪法规定的职权，责任重大，任务很艰巨。我们一定要刻苦学习马克思列宁主义、毛泽东思想，勤勤恳恳地努力工作，完成党和人民赋予我们的光荣而艰巨的任务。"这次会议不久，身患重病的周恩来总理病情进一步恶化，住进医院接受进一步的治疗，而后由邓小平主持党中央和国务院的日常工作。经过邓小平对全国各行各业的全面整顿，国内形势有了明显好转，朱德感到十分的

---

① 《政府工作报告》，第四届全国人民代表大会第一次会议，北京，1975年。

欣慰。

1976年1月8日，周恩来总理逝世。全国人民立刻沉浸在无比巨大的悲伤之中。周恩来是朱德的入党介绍人，他们俩之间有半个多世纪的深厚情谊。五十多年来，朱德与周恩来一起出生入死，共同度过了无数个患难与共的日子。周恩来总理忍受癌症带给他的巨大痛苦，带病坚持工作。1975年7月11日，两位老人在医院进行了一次谈话。在谈话中，朱德嘱咐周恩来总理一定要照顾好身体，慢慢好起来。令人没有想到的是，这次见面竟是两位紧密无间的老战友的最后一次见面。当朱德得知周恩来总理逝世的消息后，眼泪情不自禁地流了下来。在出席周恩来总理的遗体告别仪式时，朱德颤巍巍地走到周恩来总理的灵前，慢慢的举起右手，庄重地向这位共同奋斗了半个世纪的老战友遗体敬了最后一个军礼，表达了自己对周总理的深切哀悼。回到家后，朱德一句话不说，也不吃东西，沉浸在对周总理的哀思中。

二、朱德逝世

1976年清明节前后，全国各地的人民群众，纷纷自发悼念周恩来，抗议"四人帮"的活动，这次抗议运动波及到全国，形成了强大的群众革命运动。朱德强烈反对"四人帮"倒行逆施的阴谋活动，并与他们进行了积极斗争。朱德在与江西省委主要领导人谈话时，针对江青集团的反党、反人民活动，气愤地说："别听他们'革命'口号喊得比谁都响，实际上就是他们在破坏革命，破坏生产。不讲劳动，不搞生产，能行吗？粮食不会从天上掉下来，没有粮食，让他们去喝西北风！"[①]1976年6月21日，朱德在人民大会堂会见澳大利亚总理，回来后便感到身体不舒服，开始发烧，朱德认为不碍事，拖了几天。6月25日，朱德病情加重，呼吸也比较困难，被紧急送往医院接受治疗。进入7月，朱德的病情再次加重，多种疾病侵袭着朱德的身体。在朱德住院期间，叶剑英时时刻刻都牵挂着朱德的病情，由于他的工作比较繁忙，"几乎每天都要让他的女儿打电话到医院，询问治疗"。邓颖超、聂荣臻、李先念等纷纷前往医院探望朱德，询问朱德的病情，对朱德进行慰问，希望朱德早日康复。在病榻上，朱德与看望他的国务院副总理李先念做了最后一次谈话，希望在社会主义经济发展中，要大力抓好生产，不断提高人民群众的生活水平。朱德在

---

① 刘俊秀：《忠诚革命贯平生丰功伟绩垂青史》，《江西日报》1977年8月5日。

最后时刻，仍然没有忘记自己还是党员，嘱咐自己的夫人康克清将他生前积蓄的两万余元作为党费交给组织。朱德把自己的一生都献给了自己亲爱的祖国。

1976年7月5日，朱德的病情加重。李先念、聂荣臻、王震、邓颖超等人来到朱德的病床前，大家感到非常的难过。"他十分吃力地要抬起右臂和他们握手，却始终没有抬起来。在场的人看到这种情节都流下了眼泪。"随后，朱德就不省人事，进入了昏迷状态。1976年7月6日下午3时1分，朱德的心脏停止了跳动，永远地离开了我们，享年90岁。朱德无私地忠于自己的国家，无私地为国家的强盛和人民的幸福奉献出了自己毕生的精力，朱德是每一个中国人永远学习的榜样。

朱德逝世后不久，中国共产党和中国人民毅然粉碎了江青反革命集团，结束了"文化大革命"这场灾难。1986年12月1日，中共中央在人民大会堂隆重举行朱德百年诞辰纪念大会，时任中共中央总书记的胡耀邦代表中共中央致词，他高度评价了朱德的一生。他说："朱德同志的一生，对中国革命和建设事业的建树是多方面的。他运用马克思主义的普遍真理解决中国的实际问题，对于毛泽东思想特别是毛泽东军事思想的形成和发展作出了杰出的贡献。他功盖千秋，更令人怀念的是，朱德同志既是伟大的统帅，又是普通士兵，堪称楷模，他的德行与日月同辉。朱德同志光辉的一生，是同中国革命的艰难历程和伟大胜利融合在一起的。40年前，在他六十诞辰时，毛泽东同志称他为'人民的光荣'。其他中央领导同志也给他高度评价。对这些称誉，朱德同志是当之无愧的。朱德同志是伟大的，又是平凡的。他一生思想的高尚，人格的伟大，给全党、全国人民留下了亲切难忘的印象。他将传颂千古。对新一代年轻的领导者的成长，更是一笔宝贵的精神财富。"①

---

① 胡耀邦：《在朱德同志100周年诞辰纪念会上的讲话》，《人民日报》1986年12月2日。

知识链接

云南陆军讲武堂

它是中国近代一所著名军事院校，开办于1909年。与创办于1906年的北洋讲武堂和创办于1908年的东北讲武堂并称"三大讲武堂"。1909年8月15日，云南陆军讲武堂正式开学。1938年，该校按黄埔军校系列，改名为"中央陆军军官学校第五分校"。从云南讲武堂先后走出数百名将军，中将以上的高级将领有数十人，他们在中国近现代史上占有重要位置，其中比较著名的有唐继尧、李烈钧、朱德、叶剑英等。

护国运动

即护国战争。1915年到1916年，中国近代发生在的内战，起因是袁世凯在1915年12月在北京宣布接受帝制。南方将领唐继尧、蔡锷、李烈钧等在云南宣布独立，反对帝制，并且出兵讨袁。袁世凯的军队受挫，南方其他各省之后亦纷纷宣布独立。袁世凯迫于内外压力宣布取消帝制，并于数月后病逝。护国运动是近代由中国资产阶级单独领导的仅次于辛亥革命的又一次革命运动。从云南开始的护国战争粉碎了封建帝制的延续阴谋，恢复了共和制。但是，护国运动并未最终推翻北洋军阀的统治。

南昌起义

又称八一起义，指1927年8月1日，中国共产党针对中国国民党的武力清党政策，在江西南昌发动的武装起义事件。南昌起义是中国共产党独立建设武装力量的开始，也是中国共产党开始以武装斗争的形式反对国民政府的标志。8月1日后来成为中国工农红军和中国人民解放军的建军纪念日。

井冈山会师

1928年4月28日，毛泽东率领的秋收起义部队与朱德、陈毅领导的湘南起义和贺龙领导的南昌起义部分部队在井冈山的胜利会师，是中国人民解放军建军史上的重要历史事件。两军会师后，合编为工农革命军第四军。井冈山会师极大地打击了国民党反动派的嚣张气焰，保存了一大批坚定的红军政治干部和军事干部，壮大了井冈山革命根据地的武装力量，在中国革命史上具有极其深远的意义。

教条主义

亦称"本本主义"，主观主义的一种表现形式。主要特点是把书本、理论当教条，思想僵化，一切从定义、公式出发，不从实际出发，反对具体情况具体分析，否认实践是检验真理的唯一标准。教条主义轻视实践，割裂理论与实践、主观与客观的具体的历史的统一。从根本意义上讲，教条主义就是一种僵化的态度。在中国共产党历史上，教条主义不懂得马克思主义普遍真理必须同中国的具体实践相结合，曾给革命和建设带来严重危害。

遵义会议

1935年1月15日至17日，中共中央政治局在贵州遵义召开扩大会议。这次会议是在红军第五次反"围剿"失败和长征初期严重受挫的情况下，为了纠正王明在军事指挥上"左"倾领导的错误而召开的。这次会议是中国共产党第一次独立自主地运用马克思列宁主义基本原理解决自己的路线、方针政策的会议。它在极端危急的关头，挽救了红军，挽救了党，挽救了中国革命，是中国共产党历史上一个生死攸关的转折点，标志着中国共产党从幼年走向成熟。

西安事变

1936年12月12日，时任西北剿匪副总司令的东北军领袖张学良和时任国民革命军第十七路总指挥的西北军领袖杨虎城在西安华清池发动兵谏，扣留了时任国民政府军事委员会委员长和西北剿匪总司令的蒋介石，史称"西安事变"。此事件迫使国民政府放弃"攘外必先安内"的基本国策，使中国建立了形式上的抗日民族统一战线。

洛川会议

1937年8月22日至25日，中共中央在陕北洛川召开的政治局扩大会议，史称洛川会议。会议决定把党的工作重心放在战区和敌后，在敌后放手发动群众，开展独立自主的游击战争，开辟敌后战场，建立敌后抗日根据地。洛川会议制定了中国共产党的全面抗战路线，规定了中国共产党的基本任务和各项具体政策，为中国共产党和全国人民指明了抗战的正确方向。

百团大战

在中国抗日战争时期，中国共产党领导下的八路军、新四军与日军在中国华北地区发生的一次规模最大、持续时间最长的战役。八路军的晋察冀军区、第一二九师、第一二零师在总部统一的指挥下，发动了以破袭正太铁路为重点的战役。战役发起第3天，八路军参战部队已达105个团，故称此战役为"百团大战"。百团大战打出了敌后抗日军民的声威，振奋了全国人民争取抗战胜利的信心，在战略上有力地支持了国民党正面战场。

雅尔塔会议

第二次世界大战末期，美、英、苏三国首脑罗斯福、丘吉尔、斯大林在苏联克里米亚半岛雅尔塔举行的会议。这次会议时间为1945年2月4日—11日。雅尔塔会议对于缓和盟国之间的矛盾、加强反法西斯统一战线、协调对德日的作战行动、加速反法西斯战争胜利进程以及战后惩处战争罪犯、消除纳粹主义和军国主义势力影响等起了重要作用，对战后世界格局的形成产生了深远影响。

重庆谈判

1945年，抗日战争胜利后，为避免内战、争取和平，中国共产党同国民党政府在重庆进行了为期43天的和平谈判，史称重庆谈判。整个事件过程从1945年8月29日开始，至10月10日结束，国共双方签订了《政府与中共代表会谈纪要》，即《双十协定》。重庆谈判揭穿了蒋介石假和平真内战的阴谋，为中国共产党争取了民心，赢得了政治上的主动权，为后来解放战争的胜利打下了基础。

渡江战役

继三大战役后，人民解放军又一次大规模的战役行动。此战役历时42天，共歼国民党军四十三万多人，解放了南京、杭州、上海、武汉等大城市和苏、浙、赣、皖、闽、鄂广大地区。这一胜利，为进军华南、西南创造了有利条件，加速了全国的解放。

"三反"、"五反"运动

1951年底到1952年10月，在党政机关工作人员中开展的

"反贪污、反浪费、反官僚主义"和在私营工商业者中开展的"反行贿、反偷税漏税、反盗骗国家财产、反偷工减料、反盗窃国家经济情报"的斗争的统称。"三反"、"五反"运动，打退了资产阶级的猖狂进攻，为实现对资本主义工商业的社会主义改造打下了坚实的基础。

三大改造

新中国成立后，中国共产党领导的对农业、手工业和资本主义工商业的社会主义改造。社会主义三大改造的完成，实现了把生产资料私有制转变为社会主义公有制，使我国从新民主主义社会跨入了社会主义社会，我国初步建立起社会主义的基本制度。从此，我国进入社会主义的初级阶段。

"大跃进"运动

1958年5月，中共八大二次会议召开。会议通过了"鼓足干劲，力争上游，多快好省地建设社会主义"的总路线，力图在探索我国建设社会主义的道路上打开一个新局面。会后，"大跃进"运动迅速在全国范围内发动起来。"大跃进"运动在盲目求快、急于求成的思想影响下，片面追求工农业生产和建设的高速度。"大跃进"是我国探索建设社会主义道路中的一次严重失误。它忽视了客观的经济发展规律，过分夸大了主观意志和主观努力的作用，使高指标、瞎指挥、浮夸风、"共产风"等错误大肆泛滥，国民经济比例严重失调，人民生活发生严重困难。

文化大革命

1966年5月至1976年10月，在中国大地上由毛泽东错误发动和领导、被林彪和江青反革命集团利用、给中华民族带来严重灾难的政治运动。文化大革命使得国民经济发展缓慢，主要比例关系长期失调，经济管理体制僵化；党和政府的各级机构、各级人民代表大会和政协组织，长期陷于瘫痪和不正常状态，社会秩序比较混乱；教育、科学、文化受到了严重破坏。